Descubra Juegos Gratis Online

Disponibles Aquí:

BestActivityBooks.com/FREEGAMES

5 CONSEJOS PARA EMPEZAR

1) CÓMO RESOLVER LAS SOPA DE LETRAS

Los rompecabezas tienen un formato clásico:

- Las palabras se ocultan sin espacios ni guiones,...
- Orientación: Las palabras pueden escribirse hacia delante, hacia atrás, hacia arriba, hacia abajo o en diagonal (pueden estar invertidas).
- Las palabras pueden superponerse o cruzarse.

2) APRENDIZAJE ACTIVO

Junto a cada palabra hay un espacio para anotar la traducción. Para fomentar un aprendizaje activo, un **DICCIONARIO** al final de esta edición te permitirá comprobar y ampliar tus conocimientos. Busca y anota las traducciones, encuéntralas en el puzzle y añádelas a tu vocabulario!

3) MARCAR LAS PALABRAS

Puedes inventar tu propio sistema de marcado. ¿Quizás ya usas uno? También puedes, por ejemplo, marcar las palabras difíciles de encontrar con una cruz, las que te gustan con una estrella, las nuevas con un triángulo, las raras con un diamante, etc.

4) ESTRUCTURAR EL APRENDIZAJE

Esta edición ofrece un **CUADERNO DE NOTAS** muy práctico al final del libro. En vacaciones, de viaje o en casa, podrás organizar fácilmente tus nuevos conocimientos sin necesidad de un segundo cuaderno!

5) ¿HABÉIS TERMINADO TODAS LAS PARRILLAS?

En las últimas páginas de este libro, en la sección **DESAFÍO FINAL**, encontrarás un juego gratis!

¡Rápido y sencillo! Echa un vistazo a nuestra colección de libros de actividades para tu próximo momento de diversión y aprendizaje, ¡a sólo un clic de distancia!

Encuentre su próximo reto en:

BestActivityBooks.com/MiProximoLibro

En sus marcas, listos, ¡Ya!

¿Sabías que hay unas 7.000 lenguas diferentes en el mundo? Las palabras son preciosas.

Nos encantan los idiomas y hemos trabajado duro para crear libros de la más alta calidad para tí. ¿Nuestros ingredientes?

Una selección de temas adecuados para el aprendizaje, tres buenas porciones de entretenimiento, y luego añadimos una cucharada de palabras difíciles y una pizca de palabras raras. Los servimos con cariño y máxima diversión para que puedas resolver los mejores juegos de palabras y te diviertas aprendiendo!

Tu opinión es esencial. Puedes participar activamente en el éxito de este libro dejándonos un comentario. Nos encantaría saber qué es lo que más le ha gustado de esta edición.

Aquí hay un enlace rápido a tu página de pedidos:

BestBooksActivity.com/Opiniones50

Gracias por tu ayuda y diviértete!

Todo el equipo

1 - Ajedrez

```
P  V  D  Y  S  M  W  G  M  K  B  L  P  V
E  A  I  M  T  U  R  N  A  U  S  I  P  A
L  L  A  E  R  I  K  D  D  N  S  D  Y  S
A  K  G  S  A  I  K  A  H  I  Ä  T  H  T
A  O  O  T  T  E  R  F  I  N  Ä  Y  A  U
J  I  N  A  E  P  I  A  W  G  N  U  Q  S
A  N  A  R  G  M  Q  W  T  A  N  B  B  T
K  E  A  I  I  H  F  D  B  T  Ö  D  D  A
Y  N  L  K  A  P  E  L  I  A  T  G  L  J
H  E  I  B  G  L  F  U  H  R  A  T  A  A
K  U  N  I  N  G  A  S  Z  R  V  C  Q  F
F  M  E  F  W  G  Q  G  M  O  P  P  I  A
K  Q  N  K  I  L  P  A  I  L  U  Q  K  T
F  Z  U  P  A  S  S  I  I  V  I  N  E  N
```

OPPIA   VASTUSTAJA
VALKOINEN   PASSIIVINEN
MESTARI   SÄÄNNÖT
KILPAILU   KUNINGATAR
DIAGONAALINEN   KUNINGAS
STRATEGIA   UHRATA
PELI   AIKA
PELAAJA   TURNAUS
MUSTA

2 - Agua

```
J  W  L  P  R  P  J  U  D  V  B  C  J  J
I  Ä  A  H  U  R  R  I  K  A  A  N  I  Ä
P  H  Ä  J  O  K  I  F  S  L  S  R  Z  R
V  A  M  N  T  U  L  V  A  T  U  N  L  V
W  A  K  A  S  T  E  L  U  A  I  M  O  I
J  L  A  K  C  I  K  P  M  M  H  C  I  R
Z  T  N  O  A  Z  L  G  K  E  K  L  O  A
Q  O  A  S  A  N  Q  D  I  R  U  I  G  D
J  O  V  T  F  G  E  Y  S  I  R  O  K  P
G  G  A  E  U  M  O  N  S  U  U  N  I  C
L  O  B  A  A  E  H  K  O  S  T  E  U  S
S  A  D  E  H  Ö  Y  R  Y  Q  E  A  P  O
R  M  J  F  P  N  W  U  A  W  B  Z  G  V
C  P  A  H  A  I  H  T  U  M  I  N  E  N
```

KANAVA	JÄRVI
SUIHKU	SADE
HAIHTUMINEN	MONSUUNI
GEYSIR	LUMI
PAKKANEN	VALTAMERI
JÄÄN	AALTO
KOSTEUS	KASTELU
HURRIKAANI	JOKI
KOSTEA	HÖYRY
TULVA	

3 - Granja #2

```
P  E  L  Ä  I  M  E  T  V  M  O  T  Z  N
V  I  P  D  L  V  I  L  J  E  L  I  J  Ä
I  D  B  Z  R  U  O  K  A  H  A  K  V  Y
K  A  S  T  E  L  U  P  L  I  U  A  I  H
A  N  K  K  A  A  N  A  L  L  T  R  H  Y
O  J  C  D  P  A  D  I  A  Ä  R  I  A  G
H  O  A  E  W  M  A  M  M  I  A  T  N  J
R  E  S  M  U  A  Q  E  M  S  K  S  N  A
A  A  D  Q  H  K  Q  N  A  P  T  A  E  S
G  K  U  E  G  J  O  Q  S  E  O  R  S  F
Z  U  U  F  L  C  L  E  L  S  R  M  T  I
M  A  I  T  O  M  P  U  A  Ä  I  Z  J  A
M  A  I  S  S  I  Ä  D  T  V  E  H  N  Ä
U  N  I  I  T  T  Y  Y  O  G  K  Y  V  G
```

VILJELIJÄ   MAISSI
ELÄIMET   LAMMAS
OHRA   PAIMEN
MEHILÄISPESÄ   ANKKA
RUOKA   NIITTY
KARITSA   KASTELU
HEDELMÄ   TRAKTORI
LATO   VEHNÄ
MAITO   VIHANNES
LAAMA

4 - Mueble

```
K  I  R  J  A  H  Y  L  L  Y  P  V  T  F
P  W  L  T  S  K  B  I  A  T  E  E  Y  V
P  J  M  Y  R  A  S  B  Q  E  N  R  Y  Q
R  G  O  L  F  H  D  D  V  D  K  H  N  C
A  I  I  D  F  H  Q  I  T  J  K  O  Y  Z
A  R  R  I  B  J  L  A  V  F  I  T  T  B
U  P  M  K  P  R  A  T  W  T  Y  Y  N  Y
L  E  N  O  J  A  T  U  O  L  I  Q  S  M
A  I  S  I  I  G  R  O  S  P  D  O  B  A
M  L  T  Ä  Q  R  U  L  S  L  A  H  W  T
P  I  L  O  N  A  E  I  Z  W  B  T  Q  T
P  I  S  A  H  K  H  Y  L  L  Y  T  J  O
U  F  U  T  O  N  Y  S  O  H  V  A  Q  A
T  Y  Ö  P  Ö  Y  T  Ä  U  D  B  C  L  Y
```

MATTO	PEILI
TYYNY	KIRJAHYLLY
ARMOIRE	HYLLYT
PENKKI	FUTON
SÄNKY	LAMPPU
TYYNYT	TUOLI
PATJA	NOJATUOLI
VERHOT	SOHVA
TYÖPÖYTÄ	

5 - Pesca

```
P  L  U  I  C  V  Y  S  J  L  G  T  G  O
P  K  A  U  S  I  H  U  T  K  A  Å  N  J
I  O  W  I  H  D  P  V  Y  K  Q  L  Z  O
H  S  Y  Ö  T  T  I  V  S  O  R  M  T  V
E  L  Q  G  C  T  P  J  D  K  J  O  R  E
K  O  U  K  K  U  E  A  C  K  T  D  O  R
O  S  V  N  R  R  P  E  I  I  D  I  Y  D
R  A  Y  R  S  A  A  J  T  N  J  G  Y  R
I  V  A  L  T  A  M  E  R  I  O  H  H  I
F  S  F  V  E  N  E  H  A  E  K  E  J  V
Z  W  Q  K  A  R  K  E  V  Ä  T  T  Ä  E
J  O  K  I  G  J  E  L  L  E  N  E  R  L
R  A  N  T  A  Y  C  W  A  F  S  E  V  S
A  A  B  L  E  U  K  A  D  B  D  I  I  E
```

VESI   KOUKKU
EVÄT   JÄRVI
VENE   LEUKA
GJELLENE   VALTAMERI
SYÖTTI   TÅLMODIGHET
KORI   PAINO
KOKKI   RANTA
LAITTEET   JOKI
OVERDRIVELSE   KAUSI

6 - Aviones

```
H  V  H  I  S  T  S  V  P  T  P  R  P  V
I  L  M  A  P  A  L  L  O  P  O  A  I  B
S  L  U  T  N  Q  V  J  S  O  L  K  L  H
T  M  M  T  M  K  E  J  E  T  T  E  O  H
O  O  I  A  F  H  T  M  I  K  T  N  T  I
R  O  E  S  I  O  Y  W  K  U  O  T  T  L
I  T  H  U  F  N  R  P  K  R  A  A  I  M
A  T  I  U  R  U  E  M  A  I  I  M  K  A
W  O  S  N  I  N  I  N  I  J  N  I  U  C
H  R  T  T  P  P  O  T  L  N  E  N  K  I
I  I  Ö  A  D  D  Z  P  U  G  G  E  N  C
M  A  T  K  U  S  T  A  J  A  W  N  T  H
N  T  A  I  V  A  S  K  O  R  K  E  U  S
N  A  V  I  G  O  I  D  A  L  A  S  K  U
```

ILMA	ILMAPALLO
KORKEUS	POTKURI
LASKU	VETY
ILMAINEN	HISTORIA
SEIKKAILU	MOOTTORI
TAIVAS	NAVIGOIDA
POLTTOAINE	MATKUSTAJA
RAKENTAMINEN	PILOTTI
SUUNTA	MIEHISTÖ
UTFORMING	

7 - Tipos de Cabello

```
K O M L C H N K H T E R V E
I P U N O S S O I A P E L H
I Q S H O P E A W H R T Y U
L K T K S P O G L P A M V W
T Q A U L R H W H T E R A L
Ä C T Q E P U N O T T U A A
V K A L J U T S P B B B L L
Ä O V V V A L K O I N E N
K U I V A J Z Y Y E D T A A
P E H M E Ä B H A L A M V P
P H L W M H K Y P A K S U M
P I T K Ä O D T W O C P U U
A A L T O I L E V A D D C O
K I H A R A T B E M Y J N U
```

VALKOINEN	AALTOILEVA
KIILTÄVÄ	HOPEA
KALJU	KIHARA
LYHYT	KIHARAT
OHUT	VAALEA
HARMAA	TERVE
PAKSU	KUIVA
PITKÄ	PEHMEÄ
RUSKEA	PUNOTTU
MUSTA	PUNOS

8 - Ciencia Ficción

```
R O L Z P K F L K Z C M I Q
G Ä R A B L U T O P I A L S
A R J A V M A T H J O A L V
L O J Ä A P C N U S M I U N
A B T H H K P L E Z V L U K
K O L G G D K N G E P M S A
S T R J A P Y E G Y T A I U
I T K V H M W S L M O T O K
O I I K M G P J H I E K A A
K I R J A T C W E G P Q N I
B F F U T U R I S T I N E N
E L O K U V A G S L H U Q E
S K E N A A R I O Z Z M U N
A N T A A P O T K U T S J D
```

ELOKUVA

KAUKAINEN

SKENAARIO

RÄJÄHDYS

ANTAA POTKUT

FUTURISTINEN

GALAKSI

ILLUUSIO

KIRJAT

MAAILMA

ORAAKKELI

PLANEETTA

ROBOTTI

UTOPIA

9 - Juguetes

```
N P A U T O P E L I T O J S
T U O V P M A A L I T B F Q
N O K L Y D L K I R J A T L
S H A K K I L K K U S P C F
R P N B E U O N G M O K K K
L A G F D T P T K M V L N U
R O B O T T I Y I U V E I K
B V P Q W V L H Ö T D N N A
P A L A P E L I K R Z T Z E
T K E R D N H D J N Ä O A E
E E I Q D E Z Q L G Q K G S
A B J Y Y E F J F C B O E A
H T A Y P T P E P C K N H V
G W P S U O S I K K I E Y I
```

SHAKKI	LEIJA
SAVI	SUOSIKKI
VENEET	PELIT
LENTOKONE	KIRJAT
VENE	NUKKE
POLKUPYÖRÄ	MAALIT
PALLO	ROBOTTI
KUKA	PALAPELI
AUTO	RUMMUT

10 - Circo

```
T E M P P U K B T A I K A K
B A L L O N G E R O Z V P A
V I I H D Y T T Ä Ä T L I T
T A V T E T U Z D K B R N S
A K J H E E P R I Q J U A O
I R O N L L E I J O N A J
K O N G R T I Ä L C M C P A
U B G T Z T P N I L H S A Y
R A L B I A P W O M I U R T
I T Ö U N I U E P R E W A T
Q I Ö T N T K E P K S T A W
E Y R P U K U E Z H M U T Z
D C I K Q N D C R B Z R I A
M U S I I K K I F I I K Y A
```

AKROBAT   LEIJONA
ELÄIMET   TAIKA
LIPPU   TAIKURI
TELTTA   JONGLÖÖRI
PARAATI   APINA
NORSU   MUSIIKKI
VIIHDYTTÄÄ   TIIKERI
KATSOJA   PUKU
BALLONGER   TEMPPU

11 - Granja #1

```
L  K  H  G  D  A  M  T  R  B  C  V  H  H
V  E  S  I  D  P  G  O  B  V  O  A  U  E
T  H  H  E  I  N  Ä  U  A  F  U  S  N  V
B  J  Z  M  U  K  E  N  T  T  Ä  I  A  O
M  U  L  Y  Ä  A  M  A  S  B  M  K  J  N
A  A  E  L  A  N  N  O  I  T  E  K  A  E
A  C  A  C  I  A  V  H  E  U  H  A  L  N
E  L  K  T  T  C  S  P  M  K  I  S  S  A
K  Q  C  E  A  A  C  I  E  V  L  V  K  I
Q  U  F  L  O  L  L  J  N  A  Ä  U  O  P
R  I  I  S  I  V  O  E  E  R  I  O  I  Z
I  I  V  V  Z  F  S  U  T  I  N  H  R  T
E  E  I  N  H  E  G  R  S  S  E  I  A  V
Z  K  A  G  E  T  C  N  L  H  N  N  Z  B
```

MEHILÄINEN	KISSA
MAATALOUS	HEINÄ
VESI	HUNAJA
RIISI	KOIRA
AASI	KANA
HEVONEN	SIEMENET
VUOHI	VASIKKA
KENTTÄ	MAA
VARIS	LEHMÄ
LANNOITE	AITA

12 - Camping

```
M  E  T  S  Ä  S  T  Y  S  K  N  G  O  E
V  U  O  R  I  V  T  K  A  R  T  T  A  L
N  I  H  Y  Ö  N  T  E  I  N  E  N  P  Ä
A  N  T  A  A  P  O  T  K  U  T  R  U  I
L  Y  H  T  Y  H  A  T  T  U  G  I  U  M
L  A  I  T  T  E  E  T  E  I  Q  I  U  E
L  S  E  I  K  K  A  I  L  U  T  P  V  T
W  U  B  H  L  Q  H  C  E  N  F  P  D  I
F  K  O  M  P  A  S  S  I  G  C  U  B  K
M  F  Ö  N  Y  B  Y  T  Q  Z  U  M  O  V
Ö  E  F  Y  T  J  Ä  R  V  I  V  A  A  Q
K  A  T  Y  S  O  K  A  N  O  O  T  T  I
K  M  Z  S  P  I  U  B  M  D  D  T  M  B
I  N  C  B  Ä  W  U  K  B  O  U  O  D  M
```

ELÄIMET	ANTAA POTKUT
SEIKKAILU	RIIPPUMATTO
PUU	HYÖNTEINEN
METSÄ	JÄRVI
KOMPASSI	LYHTY
MÖKKI	KUU
KANOOTTI	KARTTA
METSÄSTYS	VUORI
KÖYSI	LUONTO
LAITTEET	HATTU

13 - Fruta

```
J  P  A  A  N  A  N  A  S  E  N  A  E  A
J  W  E  O  K  O  K  O  S  N  Ø  T  T  P
S  I  T  R  U  U  N  A  A  G  B  V  O  R
A  L  M  A  S  B  Q  Q  U  U  D  R  L  I
V  O  E  N  M  I  A  K  M  A  R  J  A  K
O  L  L  S  A  K  K  N  T  V  Z  E  V  O
K  W  O  S  N  I  P  K  A  A  G  Y  A  O
A  I  N  I  G  R  Ä  O  A  A  Z  K  D  S
D  V  I  R  O  S  Ä  M  R  K  N  N  E  I
O  H  L  V  E  I  R  E  G  I  R  I  L  L
J  Y  A  P  I  K  Y  N  Z  N  V  P  M  U
A  P  W  Y  F  K  N  A  M  P  N  V  A  U
D  C  I  N  T  A  Ä  R  Y  P  Ä  L  E  M
N  E  K  T  A  R  I  I  N  I  J  P  T  U
```

AVOKADO	MANGO
APRIKOOSI	OMENA
MARJA	PERSIKKA
KIRSIKKA	MELONI
LUUMU	ORANSSI
KOKOSNØTT	NEKTARIINI
VADELMA	PÄÄRYNÄ
GUAVA	ANANAS
KIIVI	BANAANI
SITRUUNA	RYPÄLE

14 - Geología

```
H  S  G  C  S  T  A  L  A  C  T  I  T  E
W  A  U  H  R  K  Q  A  S  U  H  L  T  K
Z  Q  P  O  E  Y  W  J  T  S  F  I  K  O
V  A  L  P  L  U  S  V  A  T  D  F  A  R
D  Z  D  I  O  A  W  T  L  A  V  A  L  A
Y  P  R  M  I  N  E  R  A  A  L  I  S  L
T  A  S  A  N  K  O  T  G  L  A  B  I  L
K  V  A  R  T  S  I  R  M  W  Y  G  U  I
E  R  J  C  O  P  Y  K  I  V  I  P  M  L
R  M  A  A  N  J  Ä  R  I  S  T  Y  S  T
R  M  A  A  N  O  S  A  T  L  U  O  L  A
O  V  O  L  C  A  N  O  I  P  F  S  M  R
S  E  R  O  O  S  I  O  T  Y  R  U  U  M
F  O  S  S  I  I  L  I  G  E  Y  S  I  R
```

HAPPO	STALAGMIITIT
KALSIUM	FOSSIILI
KERROS	GEYSIR
LUOLA	LAVA
MAANOSA	TASANKO
KORALLI	MINERAALI
CRYSTAL	KIVI
KVARTSI	SUOLA
EROOSIO	MAANJÄRISTYS
STALACTITE	VOLCANO

15 - Plantas

```
R  K  Z  E  J  L  R  Q  E  Z  V  V  S  M
L  U  H  Y  Y  A  C  N  C  S  B  M  A  A
E  O  O  A  K  N  K  U  K  K  A  E  M  R
H  P  W  H  S  N  B  P  J  M  M  T  M  J
T  D  Z  V  O  O  I  S  M  U  B  S  A  A
I  O  C  E  G  I  O  E  D  R  U  Ä  L  S
E  G  L  R  Z  T  U  I  Y  A  F  R  O  E
N  P  O  B  H  E  U  H  G  T  R  G  I  H
P  U  U  N  L  E  H  T  I  T  S  D  I  W
F  S  W  K  A  K  T  U  S  I  P  K  L  R
P  K  W  M  F  B  P  U  U  T  A  R  H  A
K  A  S  V  I  T  I  E  D  E  P  V  J  F
T  E  R  Ä  L  E  H  T  I  F  U  U  T  Z
Y  L  Z  F  K  A  S  V  I  S  T  O  U  I
```

PUSKA	LEHTIEN
PUU	PAPU
BAMBU	MURATTI
MARJA	RUOHO
METSÄ	PUUN LEHTI
KASVITIEDE	PUUTARHA
KAKTUS	SAMMAL
LANNOITE	TERÄLEHTI
KUKKA	JUURI
KASVISTO	

16 - Suministros de Arte

```
I  P  Y  Y  H  E  K  U  M  I  Q  A  E  L
S  D  V  Ä  R  I  M  U  S  T  E  K  P  U
E  D  E  B  N  G  Q  Y  T  B  B  V  J  O
A  S  S  O  L  K  N  T  R  E  Q  A  Q  V
R  S  I  B  I  B  O  E  M  K  V  R  P  U
I  G  Y  O  I  T  H  R  M  S  O  E  A  U
K  J  S  M  M  G  A  K  Y  N  Ä  L  P  S
J  M  G  U  A  K  R  Y  Y  L  I  L  E  I
S  S  A  V  I  O  J  O  Q  F  T  I  R  L
P  E  L  A  F  Z  A  Q  Q  I  U  T  I  Z
J  Ö  P  S  L  Y  T  R  M  M  O  I  A  U
W  O  Y  S  E  I  Ö  L  J  Y  L  J  M  H
E  N  W  T  Z  I  T  G  V  P  I  D  C  V
U  C  L  I  Ä  K  A  M  E  R  A  C  W  Y
```

ÖLJY	LUOVUUS
AKRYYLI	IDEOITA
AKVARELLIT	KYNÄ
VESI	PÖYTÄ
SAVI	PAPERI
PYYHEKUMI	LIIMA
KAMERA	MAALIT
HARJAT	TUOLI
VÄRI	MUSTE

17 - Jardín

```
J Q P L S T Y A K L P F Y P
J B U A M E B U U A E R D V
N Q Q P R R B T I I N N N A
T U Y I A A Z O S V K Q J P
A R R O K S U T T H K N F U
R I A M E S D A I H I V F S
T A T M I I S L L A M P I K
C D V A P K M L S R A U U A
L E T K U O K I K U A U G S
B K I U U L L O E O P T R N
D F M K P T H I G H E A E D
E A M K E P G R I O R R S F
A Y W A D C F R H N Ä H S O
N S W N R S C D H Y I A W V
```

PUSKA
PUU
PENKKI
NURMIKKO
LAMPI
KUKKA
AUTOTALLI
RUOHO
PUUTARHA

UGRESS
LETKU
LAPIO
KUISTI
RAKE
MAAPERÄ
TERASSI
TRAMPOLIINI
AITA

18 - Países #2

```
O  F  P  P  H  E  L  U  J  A  P  A  N  I
G  Y  B  O  Z  F  R  A  K  N  I  H  K  A
U  I  R  A  N  S  K  A  O  R  N  V  E  U
Z  R  N  B  C  E  Z  K  N  S  A  V  T  S
U  L  M  D  S  Y  Y  R  I  A  S  I  A  T
E  A  A  N  O  Y  W  O  J  Q  U  R  N  R
T  N  T  V  E  N  Ä  J  Ä  Q  D  Z  S  A
I  T  C  V  K  R  E  I  K  K  A  G  K  L
O  I  A  P  A  K  I  S  T  A  N  L  A  I
P  O  R  T  U  G  A  L  I  B  U  S  W  A
I  T  W  Q  U  I  T  Ä  V  A  L  T  A  N
A  T  A  L  B  A  N  I  A  O  J  B  T  M
J  A  M  A  I  K  A  M  E  K  S  I  K  O
N  U  G  A  N  D  A  N  W  Y  H  B  C  T
```

ALBANIA	JAPANI
AUSTRALIA	LAOS
ITÄVALTA	MEKSIKO
TANSKA	PAKISTAN
ETIOPIA	PORTUGALI
RANSKA	VENÄJÄ
KREIKKA	SYYRIA
INDONESIA	SUDAN
IRLANTI	UKRAINA
JAMAIKA	UGANDA

19 - Tecnología

```
D  I  G  I  T  A  A  L  I  N  E  N  T  T
C  V  P  R  I  A  V  K  Z  Ä  K  I  I  U
K  Y  F  I  E  V  V  A  F  Y  Z  V  E  R
U  O  I  G  D  F  H  U  Z  T  S  U  D  V
R  H  B  L  O  G  I  R  A  T  E  G  O  A
S  J  E  F  S  I  H  K  H  Ö  L  M  T  L
O  E  D  H  T  V  I  R  U  S  A  V  V  L
R  L  D  F  O  N  T  T  I  G  I  I  U  I
I  M  K  A  M  E  R  A  U  H  N  E  L  S
T  I  E  T  O  K  O  N  E  M  Z  S  Q  U
E  S  T  I  L  A  S  T  O  T  F  T  V  U
F  T  U  T  K  I  M  U  S  T  T  I  G  S
F  O  V  I  R  T  U  A  A  L  I  N  E  N
I  N  T  E  R  N  E  T  Z  U  Z  K  Z  F
```

TIEDOSTO	TUTKIMUS
BLOGI	VIESTI
TAVUA	SELAIN
KAMERA	TIETOKONE
KURSORI	NÄYTTÖ
TIEDOT	TURVALLISUUS
DIGITAALINEN	OHJELMISTO
TILASTOT	VIRTUAALINEN
FONTTI	VIRUS
INTERNET	

20 - Números

```
V  N  K  A  H  D  E  K  S  A  N  A  M  K
I  Z  O  S  E  I  T  S  E  M  Ä  N  J  O
I  D  K  L  Q  T  O  Y  M  Y  V  J  D  L
S  E  U  K  L  Y  H  D  E  K  S  Ä  N  M
I  S  U  Y  A  A  E  B  J  S  S  K  K  E
F  I  S  M  M  K  A  K  S  I  I  Q  O  T
G  M  I  M  O  W  S  B  H  L  K  G  L  O
M  A  T  E  M  A  T  I  I  K  K  A  M  I
C  A  O  N  B  Q  S  C  T  V  G  A  E  S
M  L  I  E  I  N  A  I  E  O  K  N  B  T
V  I  S  N  J  E  N  F  K  D  I  O  N  A
B  D  T  N  E  L  J  Ä  T  O  I  S  T  A
J  O  A  Q  I  J  K  U  U  S  I  P  T  E
H  K  Z  Y  J  Ä  A  M  P  V  P  A  Y  A
```

NELJÄTOISTA	MATEMATIIKKA
NOLLA	YHDEKSÄN
VIISI	KAHDEKSAN
NELJÄ	KUUSI
DESIMAALI	SEITSEMÄN
KUUSITOISTA	KOLMETOISTA
KYMMENEN	KOLME
KAKSITOISTA	YKSI
KAKSI	

21 - Mitología

```
A  R  K  E  T  Y  P  E  B  H  H  S  Z  O
W  K  A  T  A  S  T  R  O  F  I  A  U  K
S  A  N  K  A  R  I  T  A  R  R  N  K  U
J  T  K  D  O  L  E  N  T  O  V  K  K  S
U  E  A  M  M  U  R  K  T  O  I  A  O  K
M  U  C  E  W  O  W  U  S  A  Ö  R  N  O
A  S  G  H  B  M  R  L  O  D  I  I  E  M
L  A  B  Y  R  I  N  T  T  I  S  V  N  U
A  E  P  F  K  N  K  T  U  W  A  A  A  K
T  E  G  F  H  E  O  U  R  G  L  H  D  S
S  E  O  E  E  N  S  U  I  F  A  V  D  E
O  K  M  K  N  O  T  R  D  R  M  U  C  T
A  J  C  H  Y  D  O  I  G  D  A  U  A  U
K  U  O  L  E  V  A  I  N  E  N  S  B  O
```

ARKETYPE	SOTURI
KATEUS	SANKARITAR
TAIVAS	SANKARI
LUOMINEN	LABYRINTTI
USKOMUKSET	LEGENDA
OLENTO	HIRVIÖ
KULTTUURI	KUOLEVAINEN
JUMALAT	SALAMA
KATASTROFI	UKKONEN
VAHVUUS	KOSTO

22 - Ecología

```
K L N L Y I L M A S T O I Q
A M K Q V H K K E S T Ä V Ä
S W C V U M T A V D P T Z P
V Q M J O S L E S N B P I H
I Y M E R I E U I V D S V W
T M E R E S U R S S I V I B
B N R O T R K V G O Ö S P M
K A S V I L L I S U U S T T
V Q A O U A E L G Y T D C O
S H B L Q J B M U U E N N K
E L Ä I M I S T Ö O Y O V D
K B B L S T K P L A N L P Z
S Q M E U B O Z W E H T F S
S Z Y D O K U I V U U S O F
```

ILMASTO	LUONTO
YHTEISÖ	SUO
LAJIT	KASVIT
ELÄIMISTÖ	RESURSSI
KASVISTO	KUIVUUS
MERI	KESTÄVÄ
VUORET	KASVILLISUUS

23 - Casa

```
P  H  D  V  Z  K  Y  E  H  M  B  A  K  O
S  U  A  I  W  A  L  A  T  T  I  A  E  A
P  U  U  N  C  T  W  I  Q  M  U  U  I  U
E  Y  I  T  A  T  T  M  A  T  L  T  T
I  W  I  H  A  O  M  A  L  T  A  L  T  O
L  M  K  L  K  R  Q  B  K  T  K  A  I  T
I  L  K  G  Z  U  H  G  I  O  K  K  Ö  A
E  A  U  K  E  L  L  A  R  I  A  K  L  L
C  M  N  Y  B  A  T  H  J  O  R  O  Q  L
K  P  A  Y  Y  O  V  I  A  T  K  O  Y  I
G  P  O  R  H  G  B  S  S  E  I  N  Ä  Z
L  U  U  T  A  M  G  P  T  D  U  P  A  R
F  M  A  K  U  U  H  U  O  N  E  V  F  A
V  Y  W  W  U  S  M  L  R  J  M  N  Z  O
```

MATTO
ULLAKKO
KIRJASTO
TAKKA
KEITTIÖ
MAKUUHUONE
SUIHKU
LUUTA
PEILI
AUTOTALLI

HANA
PUUTARHA
LAMPPU
SEINÄ
LATTIA
OVI
KELLARI
KATTO
AITA
IKKUNA

24 - Artes Visuales

```
K B M U O T O K U V A T M F
O G P Y T N P E T C R J A N
O H A T T E H L A K K A A M
S G K E R A M I I K K A L M
T A D B I M M Q T Y I N A E
U G V H J M A I E N T A U S
M H I I Z A T A I Ä E T S T
U L U O V U U S L B H B T A
S L I I T U T E I A T Q E R
V E I S T O S I J P U Q L I
V A L O K U V A A M U S I T
L Y I J Y K Y N Ä F R P N E
E L O K U V A E W A I C E O
N Ä K Ö K U L M A K O C Y S
```

SAVI	VALOKUVA
ARKKITEHTUURI	LYIJYKYNÄ
TAITEILIJA	MESTARITEOS
LAKKA	ELOKUVA
MAALAUSTELINE	NÄKÖKULMA
KERAMIIKKA	MAALAUS
KOOSTUMUS	KYNÄ
LUOVUUS	MUOTOKUVA
VEISTOS	LIITU

25 - Escuela #2

```
P  O  P  E  T  T  A  J  A  L  L  W  R  K
E  A  B  R  E  P  P  U  V  W  Y  S  V  I
L  Y  P  U  G  G  R  G  F  M  I  A  A  R
I  T  L  E  S  O  R  H  G  Y  J  N  A  J
T  S  Z  G  R  S  A  Z  L  K  Y  A  T  A
K  Q  Y  D  T  I  I  N  B  O  K  K  T  T
L  U  K  E  M  I  N  E  N  U  Y  I  E  P
F  K  T  I  E  D  E  K  W  L  N  R  E  B
T  I  E  T  O  K  O  N  E  U  Ä  J  T  Q
T  A  R  V  I  K  K  E  E  T  H  A  D  K
K  I  E  L  I  O  P  P  I  U  C  D  P  V
Y  K  I  R  J  A  L  L  I  S  U  U  S  V
K  I  R  J  A  S  T  O  S  A  K  S  E  T
A  K  A  T  E  E  M  I  N  E  N  U  I  S
```

AKATEEMINEN	KIRJAT
BUSSI	KIRJALLISUUS
KIRJASTO	REPPU
TIEDE	TIETOKONE
SANAKIRJA	PAPERI
KOULUTUS	OPETTAJA
KIELIOPPI	VAATTEET
PELIT	TARVIKKEET
LYIJYKYNÄ	SAKSET
LUKEMINEN	

26 - Selva Tropical

```
I  A  R  E  S  V  L  A  J  I  T  V  I  S
N  R  E  N  N  A  I  Y  F  R  O  L  L  Ä
S  V  S  G  I  T  M  I  S  Y  C  L  M  I
E  O  P  Q  Z  O  I  M  D  P  U  M  A  L
K  K  E  E  S  H  E  S  A  A  S  W  S  Y
T  A  K  U  B  L  W  J  Ö  L  K  G  T  T
E  S  T  S  U  U  N  T  A  I  E  K  O  T
R  B  E  C  Q  Y  R  B  E  N  N  E  O  Ä
L  U  O  N  T  O  V  I  G  T  R  T  S  M
N  S  L  N  H  M  A  I  P  U  F  D  I  I
S  E  L  V  I  Y  T  Y  M  I  N  E  N  N
M  Y  H  T  E  I  S  Ö  Z  F  P  Q  E  E
C  N  C  R  P  I  L  V  I  N  D  W  G  N
N  I  S  Ä  K  K  Ä  Ä  T  J  F  D  T  O
```

ILMASTO	LINTU
YHTEISÖ	SÄILYTTÄMINEN
LAJIT	SUUNTA
INSEKTER	RESPEKT
NISÄKKÄÄT	ENTISÖINTI
SAMMAL	VIIDAKKO
LUONTO	SELVIYTYMINEN
PILVI	ARVOKAS

27 - Colores

```
O E I D F N M Z W B N T V Z
H R W K G K R C U U G S S B
V A A I V V I O L E T T I Z
I K R N P T S M E L N E N P
H C L M S S E E P I A S I U
R R K F A S M U S T A M N N
E I U K Y A I M Q D E Z E A
Ä M V S K S F T P R O S N I
S S F U K S I A Q Y H Y A N
S O M A G E N T A B U A D E
U N K E L T A I N E N A J N
V A L K O I N E N I I N P B
W B F O E I N D I G O I R C
H K B K I T J W R E D I I I
```

KELTAINEN	MAGENTA
SININEN	RUSKEA
BEIGE	ORANSSI
VALKOINEN	MUSTA
CRIMSON	VIOLETTI
SYAANI	PUNAINEN
FUKSIA	SEEPIA
HARMAA	VIHREÄ
INDIGO	

28 - Adjetivos #1

```
R  H  A  K  T  I  I  V  I  N  E  N  E  A
A  T  I  O  N  H  L  E  H  D  O  T  O  N
S  Ä  Ä  D  Y  W  U  V  P  L  K  A  A  T
K  R  M  Y  A  V  I  A  T  O  N  U  R  E
A  K  A  O  D  S  B  M  Q  B  B  V  O  L
S  E  R  E  H  E  L  L  I  N  E  N  M  I
M  Ä  H  D  S  I  L  Q  B  N  K  P  A  A
O  V  S  U  U  R  I  L  K  I  R  K  A  S
D  A  Z  S  T  Y  E  T  I  V  C  K  T  J
E  K  S  O  T  I  S  K  U  N  M  M  T  Q
R  A  A  R  V  O  K  A  S  M  E  N  I  J
N  V  A  L  T  A  V  A  H  D  M  N  N  G
I  A  N  U  O  R  I  P  U  N  I  A  E  D
V  I  E  H  Ä  T  T  Ä  V  Ä  C  U  N  L
```

EHDOTON
AKTIIVINEN
AROMAATTINEN
VIEHÄTTÄVÄ
KIRKAS
VALTAVA
EKSOTISK
ANTELIAS
SUURI
REHELLINEN

TÄRKEÄ
VIATON
NUORI
HIDAS
MODERNI
TUMMA
TÄYDELLINEN
RASKAS
VAKAVA
ARVOKAS

29 - Familia

```
P O J A N P O I K A S S K Ä
I H P P G E I S O Ä I T I I
S W O Y P T O V E I S A V D
C F I O B J Y Z D T O M O I
L A P S U U S T J I I F F N
U I H H U R O K Ä O S A C T
S P H H Y M T J K R Ä R K V
E V E V E L J E N T Y T Ä R
T B Y E H J B S L A Z C E L
Ä S F L E C K O V A I M O A
T J T I M K A A S E P E I P
D Ä Z Z H M I E S V P S I S
Y Z T Q W L S I S K O P I E
F J K I B J Ä S E R K K U T
```

ISOÄITI
ISOISÄ
STAMFAR
VAIMO
SISKO
VELI
TYTÄR
LAPSUUS
ÄITI
MIES

ÄIDIN
POJANPOIKA
LAPSI
LAPSET
ISÄ
SERKKU
VELJENTYTÄR
TÄTI
SETÄ

30 - Disciplinas Científicas

```
M  G  N  C  N  K  F  G  E  A  M  A  K  S
B  E  V  K  E  E  Y  O  K  N  E  R  A  O
I  O  T  I  U  M  S  R  O  A  K  K  S  S
O  L  B  E  R  I  I  Q  L  T  A  E  V  I
K  O  L  L  O  A  O  B  O  O  N  O  I  O
E  G  B  I  L  R  L  C  G  M  I  L  T  L
M  I  W  T  O  M  O  I  I  I  I  O  I  O
I  A  T  I  G  M  G  L  A  A  K  G  E  G
A  D  B  E  J  I  I  O  N  K  I  D  I
U  N  C  D  A  Y  A  Y  I  G  A  A  E  A
V  I  O  E  B  I  O  L  O  G  I  A  K  Z
P  S  Y  K  O  L  O  G  I  A  Z  A  U  I
I  M  M  U  N  O  L  O  G  I  A  G  F  F
R  A  V  I  T  S  E  M  U  S  Q  H  L  B
```

ANATOMIA	KIELITIEDE
ARKEOLOGIA	MEKANIIKKA
BIOLOGIA	METEOROLOGIA
BIOKEMIA	NEUROLOGIA
KASVITIEDE	RAVITSEMUS
EKOLOGIA	PSYKOLOGIA
FYSIOLOGIA	KEMIA
GEOLOGIA	SOSIOLOGIA
IMMUNOLOGIA	

31 - Gatos

```
M E T S Ä S T Ä J Ä N D L N
Y V Ä H Ä N O P E A S T I Q
N R W L S C T Y U U D U J O
A U I E G R A R R F C R R P
T T K I R U S S B C T K Y T
S E E K P K S T P M Y K N H
J L O K U P U Ö U I H I U S
H I Z I H A U S K A W U K B
U A V S I N U M O Z Z Z Y E
L S D Ä I M B Z A Y C W N Q
L A F C R G L S N T F U S D
U H N K I H K Z Y J O U I A
N F W K V I L L I K V N Ä K
C P R V A O M W F D H D U L
```

METSÄSTÄJÄ
PYRSTÖ
UTELIAS
NUKKUA
KYNSIÄ
HAUSKA
LANKA
RIIPPUMATON
LEIKKISÄ

HULLU
TASSU
TURKKI
VÄHÄN
HIIRI
NOPEASTI
VILLI
UJO

32 - Cocina

```
L U S I K A T Z R V K V D S
E S I L I I N A K U L H O Y
K A T T I L A V J G O Z B Ö
C L M R V R F V G R S K F M
B G C P A K A S T I N U A Ä
J U U N I N B Y B L R P O P
G Ä L P H D D Z Z L E I V U
A P Ä W Q S I E N I S T S I
F F Z K M A U S T E E T Y K
L S W G A K A U H A P N Ö O
E F U J B A L M C Q T Z D T
R K A N N U P C L C I A Ä Y
O D F P V U J P K S U Q V S
G D W A E Z V E I T S E T T
```

KATTILA
SYÖDÄ
RUOKA
PAKASTIN
LUSIKAT
KAUHA
VEITSET
ESILIINA
MAUSTEET
SIENI

UUNI
KANNU
SYÖMÄPUIKOT
GRILLI
RESEPTI
JÄÄKAAPPI
KUPIT
KULHO
GAFLER

33 - Escuela #1

```
Z V M T G L H A U S K A A K
B M P Y I C L K H Q Y Q K I
Z R A S O D U I T D N J D R
V T P T P N O R U L Ä A M J
A Y E Ä E U K J O O T A D A
S Ö R V T M K A L U D K K T
T P I Ä T E A S I N F K A O
A Ö K M A R H T S A E O N L
U Y F V J O U O I S J S S O
K T K D A Z O K V I U E I P
S Ä W I O V N I R Z K T O P
I J J K O K E E T C Z K S I
A L Y I J Y K Y N Ä E W A A
T I E T O K I L P A I L U O
```

AAKKOSET
LOUNAS
YSTÄVÄ
OPPIA
LUOKKAHUONE
KIRJASTO
KANSIO
HAUSKAA
TYÖPÖYTÄ
TIETOKILPAILU

KOKEET
LYIJYKYNÄ
KIRJAT
MATEMATIIKKA
NUMERO
PAPERI
KYNÄT
OPETTAJA
VASTAUKSIA
TUOLI

34 - Adjetivos #2

```
K A I G V Q A K B D T L S E
T T J V I A P U G R U U S I
E P M G H L V U E A O O S V
S N O R M A A L I M R N U A
Y R I Y U C H U I A E N O S
Ö M Z S L D V I N A O O L T
T E R V E P A S E T T L A U
Ä F M M A K E A H T U L I U
V N H N J A K Ä L I O I N L
Ä K U I V A B T U N T N E L
D V Ä S Y N Y T O E T E N I
J K U V A U S Z V N A N I N
T Y Y L I K Ä S A E V K L E
M A U S T E I N E N A O S N
```

VÄSYNYT   LUONNOLLINEN
SYÖTÄVÄ   NORMAALI
LUOVA   UUSI
KUVAUS   YLPEÄ
DRAMAATTINEN   MAUSTEINEN
MAKEA   TUOTTAVA
TYYLIKÄS   VASTUULLINEN
KUULUISA   SUOLAINEN
TUORE   TERVE
VAHVA   KUIVA

35 - Cuerpo Humano

```
M  P  J  Z  K  J  A  L  N  J  V  W  F  I
F  Y  Ä  V  A  F  A  L  T  D  Y  B  T  R
L  O  K  Ä  S  I  I  L  E  U  K  A  L  I
W  T  Y  E  V  H  V  Y  K  I  E  L  I  H
U  H  Y  E  O  K  O  R  V  A  E  J  H  M
F  S  N  F  T  A  T  R  E  O  G  R  O  U
J  S  Ä  I  Y  U  Q  O  R  W  Y  L  N  Y
C  F  R  H  R  L  C  F  I  S  U  U  E  O
P  I  P  E  N  A  O  O  K  Y  Z  Z  N  M
S  Q  Ä  S  K  P  C  L  W  S  Y  D  Ä  N
O  A  Ä  K  W  D  O  S  I  L  M  Ä  H  H
R  Y  W  O  Y  N  O  L  V  G  P  T  E  B
M  A  O  R  F  V  Y  Q  V  O  M  F  D  O
I  O  L  K  A  P  Ä  Ä  N  I  L  K  K  A
```

LEUKA	KIELI
SUU	KÄSI
PÄÄ	NENÄ
KASVOT	SILMÄ
AIVOT	KORVA
KYYNÄRPÄÄ	IHO
SYDÄN	JALKA
KAULA	POLVI
SORMI	VERI
OLKAPÄÄ	NILKKA

36 - Ciencia

```
M  U  P  F  M  E  N  E  T  E  L  M  Ä  G
O  C  A  Y  Y  W  S  Y  T  I  E  D  O  T
L  H  I  U  K  S  E  T  L  U  O  N  T  O
E  Y  N  M  K  T  I  E  D  E  M  I  E  S
K  P  O  E  I  O  U  I  S  E  N  A  K  I
Y  O  V  B  J  N  E  D  K  Y  Y  T  A  A
Y  T  O  F  P  I  E  F  V  K  N  O  S  S
L  E  I  T  T  M  S  R  Z  B  A  M  V  I
I  E  M  I  W  E  V  M  A  O  R  I  I  A
S  S  A  H  L  N  T  S  A  A  U  E  T  W
V  I  I  L  M  A  S  T  O  F  L  V  Q  G
U  H  L  A  B  O  R  A  T  O  R  I  O  F
N  O  R  G  A  N  I  S  M  I  I  I  M  A  Y
F  T  B  H  E  V  O  L  U  U  T  I  O  S
```

ATOMI	HYPOTEESI
TIEDEMIES	LABORATORIO
ILMASTO	MENETELMÄ
TIEDOT	MINERAALI
EVOLUUTIO	MOLEKYYLI
KOE	LUONTO
FYSIIKKA	ORGANISMI
PAINOVOIMA	HIUKSET
TOSIASIA	KASVIT

37 - Dinosaurios

```
S  Y  L  F  P  Y  R  S  T  Ö  M  R  V  K
A  W  T  I  E  V  O  L  U  U  T  I  O  A
A  Q  D  V  H  V  G  O  A  U  S  H  I  S
L  S  D  E  R  A  P  T  O  R  R  Ä  M  V
I  R  N  W  N  L  N  W  U  F  K  I  A  I
S  K  N  L  K  T  S  S  W  G  Z  J  K  N
L  A  J  I  T  A  C  K  Y  J  K  Y  A  S
H  F  Z  H  I  V  Y  R  H  Ö  F  G  S  Y
V  A  Q  K  M  A  T  E  L  I  J  A  M  Ö
B  W  S  N  O  S  I  I  V  E  T  Ä  T  J
M  A  M  M  U  T  T  I  D  I  D  R  U  Ä
K  O  K  O  K  A  T  O  A  M  I  N  E  N
F  O  S  S  I  I  L  I  T  A  A  L  T  M
W  M  Y  K  B  H  P  C  O  A  M  A  N  S
```

SIIVET	KASVINSYÖJÄ
LIHANSYÖJÄ	MAMMUTTI
PYRSTÖ	VOIMAKAS
KATOAMINEN	SAALIS
VALTAVA	RAPTOR
LAJIT	MATELIJA
EVOLUUTIO	KOKO
FOSSIILIT	MAA
SUURI	HÄIJY

38 - Restaurante #2

```
H  E  D  E  L  M  Ä  R  S  I  G  T  L  Q
O  A  G  W  Z  U  O  K  A  L  A  A  O  H
E  U  A  P  I  N  O  C  L  L  B  R  U  E
C  A  J  R  S  A  J  K  A  A  K  J  N  R
V  E  S  I  U  T  W  F  A  L  T  O  A  K
P  L  G  N  O  K  C  H  T  L  U  I  S  U
J  Ä  Ä  N  L  I  K  A  T  I  O  L  V  L
E  J  L  E  A  M  S  A  I  N  L  I  I  L
L  U  S  I  K  K  A  K  R  E  I  J  H  I
M  O  S  U  P  P  E  L  A  N  K  A  A  N
H  M  A  U  S  T  E  E  T  K  O  N  N  E
I  A  L  K  U  P  A  L  A  T  K  U  N  N
M  A  H  I  F  A  C  O  K  V  S  U  E  Y
R  Q  D  H  E  P  K  Z  V  U  I  A  S  F
```

VESI	HEDELMÄ
LOUNAS	JÄÄN
ALKUPALA	MUNAT
JUOMA	KAKKU
TARJOILIJA	KALA
ILLALLINEN	SUOLA
LUSIKKA	TUOLI
HERKULLINEN	SUPPE
SALAATTI	HAARUKKA
MAUSTEET	VIHANNES

39 - Profesiones #1

```
M  H  O  I  T  A  J  A  S  L  K  K  V  T
L  U  P  V  S  Y  Y  Z  M  Ä  A  J  A  A
P  Q  U  A  I  R  N  O  E  Ä  R  R  L  N
I  A  N  S  L  W  K  P  R  K  T  R  M  S
A  T  N  R  I  O  S  P  I  Ä  O  E  E  S
N  N  Y  K  Q  K  M  R  M  R  G  D  N  I
I  M  T  E  K  L  K  I  I  I  R  A  T  J
S  Y  F  D  V  I  I  O  E  Y  A  K  A  A
T  I  E  D  E  M  I  E  S  S  F  T  J  E
I  D  C  H  P  I  V  R  V  T  I  Ø  A  E
P  S  Y  K  O  L  O  G  I  L  K  R  M  E
P  U  T  K  I  M  I  E  S  F  Q  E  B  T
M  E  T  S  Ä  S  T  Ä  J  Ä  I  K  F  L
A  S  I  A  N  A  J  A  J  A  A  L  J  R
```

ASIANAJAJA	REDAKTØR
TANSSIJA	HOITAJA
PANKKIIRI	VALMENTAJA
PALOMIES	PUTKIMIES
KARTOGRAFI	MERIMIES
METSÄSTÄJÄ	MUUSIKKO
TIEDEMIES	PIANISTI
LÄÄKÄRI	PSYKOLOGI

40 - Vehículos

```
R  F  B  P  K  T  Q  V  I  U  S  H  K  A
A  E  T  O  Q  B  Y  D  E  U  A  E  M  M
K  L  N  L  A  U  T  T  A  N  J  L  O  B
E  E  Z  K  I  I  R  A  S  T  E  I  O  U
T  N  U  U  A  V  A  K  U  K  A  K  T  L
T  T  O  P  M  A  K  S  K  T  T  O  T  A
I  O  L  Y  E  R  T  I  K  K  O  P  O  N
H  K  Y  Ö  T  E  O  Q  U  L  Z  T  R  S
S  O  Y  R  R  B  R  J  L  A  G  E  I  S
Y  N  R  Ä  O  I  I  D  A  E  S  R  W  I
F  E  G  M  F  L  B  U  S  S  I  I  Z  Q
S  U  K  E  L  L  U  S  V  E  N  E  A  K
W  Q  K  A  T  S  C  O  O  T  E  R  A  D
K  O  U  L  U  T  T  A  A  K  R  U  R  W
```

AMBULANSSI	HELIKOPTERI
BUSSI	SUKKULA
LENTOKONE	METRO
LAUTTA	MOOTTORI
VENE	RENKAAT
POLKUPYÖRÄ	SCOOTER
KUKA	SUKELLUSVENE
AUTO	TAKSI
RAKETTI	TRAKTORI
VAREBIL	KOULUTTAA

41 - Vacaciones #2

```
K K R H G Z K A R T T A W L
O U C G K S A A R I S B U U
U G L Y D O R A N T A N R F
L I O J Y D H O T E L L I T
U Z M M E R I D B H J F J H
T P A R L T N O E W M B M A
T A K S I E U F F V W K V V
A S O R A L R S V V O Y V N
A S W M A T K A Y Z A Q Y W
S I M D U T U F R E G P O C
U U J N R A V I N T O L A Z
U L K O M A A L A I N E N A
W Y V Y N H T V I I S U M I
R S A V A R A U K S E T K B
```

LUFTHAVN
TELTTA
KOHDE
ULKOMAALAINEN
KUVAT
HOTELLI
SAARI
KARTTA
MERI
VAPAA

PASSI
RANTA
VARAUKSET
RAVINTOLA
TAKSI
KULJETUS
KOULUTTAA
LOMA
MATKA
VIISUMI

42 - Cumpleaños

```
E  T  V  J  U  P  P  D  E  K  I  K  U  Y
S  L  A  U  L  U  T  V  I  I  S  A  U  S
V  P  H  B  K  I  E  K  L  M  I  L  A  T
H  K  E  E  V  A  V  U  O  S  I  E  K  Ä
O  A  J  S  A  O  O  T  I  P  P  N  O  V
P  K  U  T  I  L  Y  S  N  R  E  T  R  Ä
P  K  H  S  E  E  G  U  E  D  U  E  T  S
I  U  L  V  K  A  L  T  N  R  R  R  I  Y
A  Y  A  S  R  A  I  L  B  V  Y  I  T  N
L  A  H  J  A  P  A  K  N  U  O  R  I  T
K  Y  N  T  T  I  L  Ä  A  D  W  J  J  Y
R  K  N  L  O  N  N  E  L  L  I  N  E  N
T  H  E  C  C  R  P  Ä  I  V  Ä  I  K  Y
S  W  L  I  C  E  H  R  Z  Y  U  S  J  T
```

ILOINEN	ONNELLINEN
YSTÄVÄ	KUTSUT
VUOSI	NUORI
OPPIA	SYNTYNYT
KALENTERI	KAKKU
LAULU	LAHJA
JUHLA	VIISAUS
HAUSKAA	KORTIT
PÄIVÄ	AIKA
SPESIELL	KYNTTILÄ

43 - Baile

```
T  R  Y  H  T  I  U  R  A  S  K  H  S  O
R  U  T  G  Q  E  F  C  I  W  O  A  A  D
U  J  N  A  S  I  J  R  H  O  R  R  G  Z
P  Q  Q  N  W  G  Q  H  H  B  E  J  K  B
I  E  P  E  G  W  K  S  U  O  O  U  R
L  W  R  A  R  M  O  G  I  J  G  I  M  Y
M  U  S  I  I  K  K  I  L  T  R  T  P  T
E  N  M  M  N  R  A  K  O  N  A  U  P  M
I  V  A  K  A  T  E  M  I  A  F  K  A  I
K  U  D  E  J  A  E  R  N  D  I  S  N  S
Ä  T  G  H  T  I  O  I  E  F  A  E  I  L
S  E  M  O  E  D  R  P  N  S  P  T  N  L
L  I  I  K  E  E  C  V  G  E  A  P  Y  J
K  U  L  T  T  U  U  R  I  J  N  V  I  U
```

AKATEMIA	ILMEIKÄS
ILOINEN	ARMO
TAIDE	LIIKE
KOREOGRAFIA	MUSIIKKI
KEHO	RYHTI
KULTTUURI	RYTMI
TUNNE	KUMPPANI
HARJOITUKSET	PERINTEINEN

44 - Matemáticas

```
D K U L M A T J N H E Y A S
N E L I Ö S Ä D E A K M R U
Y H S R L M I Z K L S P I O
Y Ä Y I W J I F O K P Ä T R
I T G N M G F K L A O R M A
O Q M N S A J E M I N Y E K
Q L E A O Y A I I S E S E U
G V N K V M M L O I N M T L
J Z H K A Y V M I J T I T M
Z A V A C A O H E A T T I I
Z P E I Z R J L D T I T N O
R N M N U M E R O D R A E P
C L L E Y H T Ä L Ö Y I N F
U M O N I K U L M I O K A R
```

ARITMEETTINEN	NUMERO
KULMAT	RINNAKKAINEN
YMPÄRYSMITTA	KEHÄ
NELIÖ	MONIKULMIO
DESIMAALI	SÄDE
HALKAISIJA	SUORAKULMIO
YHTÄLÖ	SYMMETRIA
EKSPONENTTI	KOLMIO
JAE	

45 - Restaurante #1

```
K  I  Z  Q  Q  V  P  S  S  L  T  N  E  J
U  T  F  S  K  A  N  A  I  Y  O  N  O  Ä
L  H  M  C  E  L  H  L  K  W  Ö  W  I  L
H  D  D  W  Z  I  D  L  E  F  P  D  O  K
O  M  U  Z  S  K  V  E  I  T  S  I  Ä  I
K  A  S  T  I  K  E  R  T  T  H  T  W  R
A  E  I  R  I  O  S  G  T  L  E  V  Y  U
H  A  W  N  O  B  L  I  I  F  J  C  P  O
V  T  R  Q  E  O  J  A  Ö  L  F  H  M  K
I  T  A  R  J  O  I  L  I  J  A  L  R  A
U  Y  B  K  U  V  A  R  A  U  S  E  V  N
U  O  Q  I  G  O  Q  N  J  K  J  I  B  H
M  P  Z  Q  O  D  K  I  M  Z  R  P  M  I
L  I  H  A  N  P  P  A  T  R  F  Ä  R  L
```

ALLERGIA	VALIKKO
KAHVI	LEIPÄ
TARJOILIJA	LEVY
LIHA	KANA
KEITTIÖ	JÄLKIRUOKA
SYÖDÄ	VARAUS
RUOKA	KASTIKE
VEITSI	KULHO
AINE	

46 - Profesiones #2

```
P U U T A R H U R I N H V F
D C Y B Z T U T K I J A A I
K U V I T T A J A E N F L L
O K U S T A N T A J A Q O O
P I N S I N Ö Ö R I E W K S
E K E K S I J Ä O I C B U O
T A I D E M A A L A R I V F
T P I R L Ä Ä K Ä R I O A I
A I R A U H E R K B Z L A W
J L Z Q B R Z C B C W O J H
A O Q D I L G S U Z B G A R
E T P G E T S I V Ä F I W U
E T Y T O I M I T T A J A P
N I A S T R O N A U T T I H
```

ASTRONAUTTI	KEKSIJÄ
BIOLOGI	TUTKIJA
KIRURGI	PUUTARHURI
ETSIVÄ	LÄÄKÄRI
KUSTANTAJA	TOIMITTAJA
FILOSOFI	PILOTTI
VALOKUVAAJA	TAIDEMAALARI
KUVITTAJA	OPETTAJA
INSINÖÖRI	

47 - Senderismo

```
I  K  S  V  Ä  S  Y  N  Y  T  W  U  H  P
L  A  U  S  R  A  U  R  I  N  K  O  M  U
M  R  U  E  W  A  Z  H  G  M  Q  I  D  I
A  T  N  E  S  P  L  C  O  F  V  O  L  S
S  T  T  L  N  P  N  K  G  O  O  K  G  T
T  A  A  Ä  E  A  C  A  M  P  I  N  G  O
O  W  V  I  V  A  D  L  U  O  N  T  O  T
C  A  I  M  R  T  U  L  O  T  A  P  Q  J
O  P  L  E  A  B  D  I  O  E  V  Q  Z  Q
O  Z  L  T  S  A  K  O  K  O  U  S  J  O
V  K  I  M  K  K  I  V  I  I  O  K  L  L
C  E  H  A  A  F  S  W  S  C  R  J  V  S
N  S  J  E  S  U  Q  V  E  S  I  H  K  E
R  J  U  V  K  N  I  H  J  I  W  K  P  F
```

KALLIO	VUORI
VESI	LUONTO
ELÄIMET	SUUNTA
SAAPPAAT	PUISTOT
CAMPING	RASKAS
VÄSYNYT	KIVI
ILMASTO	VILLI
KOKOUS	AURINKO
KARTTA	

48 - Naturaleza

```
H  O  L  L  S  B  O  D  T  S  C  I  H  N
V  H  J  Q  L  U  C  M  R  P  R  O  Y  M
T  Ä  R  K  E  Ä  M  K  O  D  Z  R  N  E
S  T  L  Y  L  C  S  U  O  J  A  M  J  H
J  Ä  Ä  T  I  K  K  Ö  P  I  L  V  I  I
A  R  K  T  I  N  E  N  P  V  B  J  M  L
P  J  D  Z  J  U  V  U  I  M  E  T  S  Ä
V  Y  O  Z  E  A  W  D  N  L  R  L  E  I
I  Y  H  K  H  F  L  G  E  A  O  E  L  N
L  J  Z  Ä  I  L  L  Q  N  A  O  H  Ä  E
L  V  Q  L  K  A  U  N  E  U  S  T  I  N
I  A  A  V  I  K  K  O  A  V  I  I  M  Q
V  U  O  R  E  T  Ö  V  F  E  O  E  E  T
R  A  U  H  A  L  L  I  N  E  N  N  T  S
```

MEHILÄINEN	SUMU
ELÄIMET	PILVI
ARKTINEN	SUOJA
KAUNEUS	JOKI
METSÄ	VILLI
AAVIKKO	PYHÄKKÖ
EROOSIO	RAUHALLINEN
LEHTIEN	TROOPPINEN
JÄÄTIKKÖ	TÄRKEÄ
VUORET	

49 - Conduciendo

```
T  K  L  O  N  N  E  T  T  O  M  U  U  S
J  U  J  I  P  E  P  P  K  A  R  T  T  A
A  K  N  N  S  O  A  V  A  A  R  A  B  U
L  A  P  N  W  E  L  E  T  U  M  H  M  T
A  P  O  E  E  O  N  I  U  O  O  K  N  O
N  A  U  T  O  L  J  S  I  A  D  A  O  T
K  F  O  S  Q  C  I  O  S  S  Q  A  P  A
U  P  M  O  O  T  T  O  R  I  I  S  E  L
L  P  O  L  T  T  O  A  I  N  E  U  U  L
K  T  U  R  V  A  L  L  I  S  U  U  S  I
I  E  M  E  G  K  U  L  J  E  T  U  S  F
J  A  R  R  U  T  G  Z  Y  J  W  P  U  S
A  M  O  O  T  T  O  R  I  P  Y  Ö  R  Ä
J  L  I  I  K  E  N  N  E  I  M  H  V  B
```

ONNETTOMUUS	MOOTTORIPYÖRÄ
KATU	MOOTTORI
KUKA	JALANKULKIJA
AUTO	VAARA
POLTTOAINE	POLIISI
JARRUT	TURVALLISUUS
AUTOTALLI	KULJETUS
KAASU	LIIKENNE
LISENSSI	TUNNELI
KARTTA	NOPEUS

50 - Ballet

```
T A I T O Y Y P N E N K H L
H J B O F D L O M W O O A I
S A Z I P W U E C L L R R H
I Ä R M J E P J I N A E J A
L F V J E B D V Z S L O O K
M V Z E O Y Q U O M Ö G I S
E P I L L I W O N G G R T E
I I N E Y T T Y Y L I A E T
K R Y T M I Ä U W N I F L M
Ä P T Z Q U F J K T G I L C
S K R N G L E A Ä S U A A U
V R J B O R K E S T E R I R
T A N S S I J A T A Y T F J
I N T E N S I T E E T T I Y
```

YLEISÖ
TANSSIJAT
SÄVELTÄJÄ
KOREOGRAFIA
HARJOITUKSET
TYYLI
ILMEIKÄS

ELE
TAITO
INTENSITEETTI
LIHAKSET
ORKESTERI
HARJOITELLA
RYTMI

51 - Aventura

```
L V Y B S P Z M K T Y Y M A
E U R E T K I A A U F L A R
W K O H D E U H U R F L T S
I L F N Y A Q D N V L Ä K V
O L M A T K A O E A M T U A
J E O V F O C L U L U T S A
V V Q I N J F L S L U Ä T R
A Y K G W Y K I K I S V A A
I N R O S A R S C S I Ä A L
K P Z I A C S U Z U I Z E L
E I N N O S T U S U O D E I
U Y S T Ä V Ä S S S Z I R N
S H N I T O I M I N T A C E
C E P Ä T A V A L L I N E N
```

TOIMINTA	MATKA
ILO	LUONTO
YSTÄVÄ	NAVIGOINTI
KAUNEUS	UUSI
KOHDE	MAHDOLLISUUS
VAIKEUS	VAARALLINEN
INNOSTUS	TURVALLISUUS
RETKI	YLLÄTTÄVÄ
EPÄTAVALLINEN	MATKUSTAA

52 - Pájaros

```
K H H O G M S H W K O J G K
C A V A R I S B S A I O Y Ä
P V N D I V Q M E N P U N K
T A A A Q K O T K A I T I I
O R P M O J A H Q R N S B V
U P E U H M W R C I G E T P
K U L N K H L J A F V N H J
A N I A G A J O G U I A A M
A E K L E U I O L G I K N Z
N N A W G K F J P L N R H H
I Q A L O K K I A P I P I Z
N A N K K A F L A M I N G O
H N I K Y Y H K Y N E N S H
I J S T R U T S I P O K N H
```

STRUTSI
KOTKA
KANARIFUGL
HAIKARA
JOUTSEN
KÄKI
VARIS
FLAMINGO
HANHI
LOKKI

VARPUNEN
HAUKKA
MUNA
PAPUKAIJA
KYYHKYNEN
ANKKA
PELIKAANI
PINGVIINI
KANA
TOUKAANIN

53 - Playa

```
Z P H H G G O N U V C B F M
L Y R I D U F Y Y Q K L L E
P Y R D E D F D E Z G A H R
A H L A V K L W Q N R G S I
U E O V N O K V B K V U A S
R D M E I N I A R F E U T A
I Q A R Z C I S I N I N E N
N M E I D L Z K A L S I E D
K P D U V E N E K A Y N N A
O L P T C H V S M O R P V A
V A L T A M E R I U A I A L
N A Q A O S G H Y P P U R I
R P U R J E V E N E U K J T
B C R V A L L Z S N T H O G
```

HIEKKA	MERI
RIUTTA	VALTAMERI
SININEN	SATEENVARJO
VENE	SANDAALIT
RAPU	AURINKO
RANNIKKO	PYYHE
SAARI	LOMA
LAGUUNI	PURJEVENE

54 - Surf

```
S  G  G  V  D  K  K  N  D  U  Y  V  J  A
L  U  N  M  R  M  R  A  P  R  B  A  O  A
F  J  O  E  Y  O  L  B  R  H  O  L  U  L
N  T  P  S  A  V  Y  O  U  E  L  T  K  O
W  V  E  T  I  A  U  M  C  I  B  A  K  I
H  V  U  A  Z  T  L  T  L  H  M  O  T
K  A  S  R  I  U  T  T  A  I  Q  E  J  T
O  H  U  I  S  Ä  Ä  U  O  J  V  R  A  E
R  V  O  S  V  A  T  S  A  A  A  I  T  L
A  U  H  T  K  E  S  Z  A  Q  A  R  Y  I
N  U  K  B  L  A  O  Y  N  K  H  H  Y  J
T  S  O  U  L  Q  A  S  H  F  T  O  L  A
A  O  Q  Z  J  H  K  N  F  K  O  Q  I  S
Ä  Ä  R  I  M  M  Ä  I  N  E  N  T  O  N
```

RIUTTA	VAHVUUS
URHEILIJA	JOUKKOJA
MESTARI	VALTAMERI
SÄÄ	AALTO
HAUSKAA	RANTA
VAAHTO	SUOSITTU
TYYLI	ALOITTELIJA
VATSA	NOPEUS
ÄÄRIMMÄINEN	

55 - Geografía

```
P I T U U S A S T E W E B U
Y O K H M A L Ä N S I P S Z
D V H C Y A U I O M E R I K
Q H P J B R E L K A R T T A
E P T O O I U Q S A H Y S U
R T G K P I G A M N Y B M P
T P E I H M N F H O G F K U
R V H L V G H E U S G I D N
T Y J Q Ä R D O N A S E N K
P Ä I V Ä N T A S A A J A I
L E V E Y S A S T E T S K C
F U T M A A S S A A T L A S
M R R K P M K O R K E U S N
M A A I L M A V U O R I N N
```

KORKEUS	MERI
ATLAS	VUORI
KAUPUNKI	MAAILMA
MAANOSA	POHJOINEN
PÄIVÄNTASAAJA	LÄNSI
SAARI	MAASSA
LEVEYSASTE	JOKI
PITUUSASTE	ETELÄ
KARTTA	ALUE

56 - Deportes

```
V K J Ä Ä K I E K K O R M L
G I U I M E S T A R U U S H
I O O N G F S T Y F R Z I S
P E L I T V G Y A S H C U K
E V U F R O D G P D E K W O
T I I M I I S U U L I F D R
T T N R B M L A A I L O Z I
U E I F A I O V L R I S N P
O N S G S S M U E I J M A A
M N Z O E T P E L A A J A L
A I U W B E U G G F Y K N L
R S Z V A L M E N T A J A O
I I Q N L U V O I T T A J A
W O B V L I I K E E K S L R
```

URHEILIJA	VOIMISTELU
TUOMARI	KUNTOSALI
KORIPALLO	GOLF
BASEBALL	JÄÄKIEKKO
MESTARUUS	PELI
VALMENTAJA	PELAAJA
TIIMI	LIIKE
STADION	TENNIS
VOITTAJA	

57 - Actividades

```
A R J O A P T C B G U T L E
G M O L G R E T S Q M A R Y
C A M P I N G L Q E T I N W
K V A E L L U S I C A D A K
L A A T O I M I N T A E T U
U W L V A L O K U V A U S M
K B A A V O M P E L U A Q E
E P U P S E T A I T O N Y T
M U S A K T N Y G Q C B P S
I P T A N A U E Z I F U O Ä
N T M I B I T S E O J O K S
E K T K G K J L T T C G Z T
N U K E R A M I I K K A R Y
R E N T O U T U M I N E N S
```

TOIMINTA
TAIDE
VENEET
CAMPING
METSÄSTYS
KERAMIIKKA
OMPELU
VALOKUVAUS
TAITO
ETU

PELIT
LUKEMINEN
TAIKA
VAPAA
KALASTUS
MAALAUS
ILO
RENTOUTUMINEN
VAELLUS

58 - Verduras

```
H  D  U  W  F  S  W  M  D  P  R  R  F  O
E  B  R  J  V  Y  I  Z  W  E  I  P  U  O
R  E  T  I  I  S  I  E  W  R  J  Z  J  K
N  A  U  R  I  S  G  B  N  S  Z  K  Q  U
E  L  S  E  N  T  B  P  O  I  H  U  P  R
A  G  I  D  K  M  S  E  L  L  E  R  I  P
R  S  P  L  I  J  K  R  I  J  O  K  N  I
T  A  U  C  V  E  J  U  I  A  H  K  A  T
I  L  L  Y  Ä  F  D  N  V  J  L  U  A  S
S  A  I  P  Ä  V  B  A  I  D  Y  H  T  A
O  A  P  A  R  S  A  K  A  A  L  I  T  I
K  T  W  I  I  F  Q  S  V  A  H  D  I  H
K  T  O  M  A  A  T  T  I  A  N  Q  B  K
A  I  M  U  N  A  K  O  I  S  O  C  W  S
```

ARTISOKKA	INKIVÄÄRI
SELLERI	NAURIS
MUNAKOISO	OLIIVI
PARSAKAALI	PERUNA
KURPITSA	KURKKU
SIPULI	PERSILJA
SALAATTI	RETIISI
PINAATTI	SIENI
HERNE	TOMAATTI

59 - Instrumentos Musicales

```
P  H  F  D  J  K  M  A  P  L  S  D  S  O
S  A  J  E  K  L  A  R  I  N  E  T  T  I
H  R  S  H  L  Q  R  D  A  H  O  E  F  L
F  P  G  U  Z  M  I  K  N  B  U  T  B  P
A  P  K  U  U  A  M  T  O  A  S  I  Y  P
G  U  I  L  T  N  B  A  V  N  A  V  L  R
O  Q  T  I  R  D  A  M  I  J  K  T  Q  U
T  H  A  H  U  O  V  B  U  O  S  N  L  M
T  E  R  A  M  L  S  U  L  G  O  N  G  P
I  Z  A  R  P  I  E  R  U  T  F  L  N  U
K  U  I  P  E  I  L  I  V  U  O  B  Z  E
K  H  F  P  T  N  L  I  F  D  N  V  F  R
G  E  C  U  T  I  O  N  F  R  I  T  O  V
O  B  O  E  I  Z  B  I  M  K  K  G  N  E
```

HUULIHARPPU   OBOE
HARPPU   TAMBURIINI
BANJO   PIANO
KLARINETTI   SAKSOFONI
FAGOTTI   RUMPU
HUILU   PASUUNA
GONG   TRUMPETTI
KITARA   VIULU
MANDOLIINI   SELLO
MARIMBA

60 - Escalada

```
K Y P Ä R Ä V P K N F W K W
A U K Y A G B H Ä P Y F O Z
P R T A V I C S S A Y T U L
E L W E R A L D I P S G L Y
A I I H L T U V N K I M U R
U L J U U I T O E O N Z T T
V M K O O M A A E R E I U A
V A E L L U S I T K N G S J
R I H O A P S B S E S P M W
K N W V V A M M A U K N K J
H E Y T U H P B T S U Z A H
V N G T N U V F Q C Z S J P
V A K A U S S A A P P A A T
A S I A N T U N T I J A K S
```

KORKEUS
ILMAINEN
SAAPPAAT
KYPÄRÄ
LUOLA
UTELIAISUUS
VAKAUS
KAPEA
ASIANTUNTIJA

FYYSINEN
KOULUTUS
VAHVUUS
KÄSINEET
VAMMA
KARTTA
VAELLUS
MAA

61 - Mascotas

```
K  H  V  U  O  H  I  T  K  O  R  E  T  P
A  I  E  B  W  B  F  U  C  E  K  Z  A  H
U  I  S  H  A  B  W  Z  Z  M  L  F  S  I
L  R  I  S  P  U  Z  Q  B  E  M  K  S  H
U  I  N  K  A  N  I  V  Y  L  C  V  U  N
S  P  D  G  P  L  E  O  T  V  F  O  T  A
I  K  F  Q  U  L  H  A  M  S  T  E  R  I
H  K  W  F  K  I  L  P  I  K  O  N  N  A
R  J  B  A  A  S  P  E  N  T  U  J  S  P
T  U  K  V  I  K  K  Y  N  N  E  T  L  H
R  R  O  B  J  O  D  F  R  U  M  Z  E  T
L  G  I  K  A  L  A  V  O  S  L  G  H  B
J  J  R  K  A  U  N  Y  B  S  T  Z  M  Y
R  P  A  R  A  O  L  Z  E  L  O  Ö  Ä  O
```

VESI	HAMSTERI
VUOHI	LISKO
PENTU	PAPUKAIJA
PYRSTÖ	TASSUT
KAULUS	KOIRA
RUOKA	KALA
KANI	HIIRI
HIHNA	KILPIKONNA
KYNNET	LEHMÄ
KISSA	

62 - Formas

```
S  J  F  L  K  F  U  C  M  W  H  O  H  U
K  U  U  T  I  O  G  V  F  B  Q  Q  R  N
U  N  I  J  A  N  E  L  I  Ö  K  C  V  R
L  H  V  T  V  C  J  R  E  U  N  A  T  W
M  P  S  S  U  O  R  A  K  U  L  M  I  O
A  P  P  R  I  S  M  A  K  A  R  T  I  O
S  Y  L  I  N  T  E  R  I  K  Ä  Y  R  Ä
I  R  K  H  Y  P  E  R  B  E  L  I  E  I
D  A  O  Z  I  J  P  S  L  J  D  A  L  R
E  M  L  O  G  R  L  O  M  R  W  F  L  K
B  I  M  Q  M  O  N  I  K  U  L  M  I  O
N  D  I  E  K  B  Y  K  A  A  R  I  P  P
M  I  O  T  M  K  K  E  A  C  Y  O  S  Z
Y  M  P  Y  R  Ä  L  A  J  U  A  I  I  T
```

KAARI	HYPERBELI
REUNAT	SIDE
SYLINTERI	LINJA
YMPYRÄ	SOIKEA
KARTIO	PYRAMIDI
NELIÖ	MONIKULMIO
KUUTIO	PRISMA
KÄYRÄ	SUORAKULMIO
ELLIPSI	KOLMIO
KULMA	

63 - Flores

```
G  A  R  D  E  N  I  A  H  K  L  T  P  S
A  W  U  N  I  K  K  O  I  P  A  U  Ä  H
G  G  U  M  Y  H  C  D  B  L  V  L  I  U
H  J  S  T  K  P  F  G  I  U  E  P  V  T
F  A  U  O  E  J  F  R  S  M  N  P  Ä  V
M  S  B  Y  R  R  S  A  C  E  T  A  N  G
D  M  A  I  H  K  Ä  Z  U  R  E  A  K  V
L  I  L  J  A  K  I  L  S  I  L  N  A  O
K  I  M  P  P  U  P  D  E  A  I  I  K  I
A  N  I  E  G  K  I  F  E  H  F  D  K  K
P  I  W  L  Q  J  O  Y  G  A  T  N  A  U
I  A  E  M  A  G  N  O  L  I  A  I  R  K
L  F  M  J  L  Q  I  L  O  Y  F  J  A  K
A  U  R  I  N  G  O  N  K  U  K  K  A  A
```

UNIKKO	PÄIVÄNKAKKARA
VOIKUKKA	ORKIDEA
GARDENIA	PIONI
AURINGONKUKKA	TERÄLEHTI
HIBISCUS	PLUMERIA
JASMIINI	KIMPPU
LAVENTELI	RUUSU
LIILA	APILA
LILJA	TULPPAANI
MAGNOLIA	

64 - Astronomía

```
F V I D W J B R J E E G K Z
Z W P I M E N N Y S M A A I
P A N C K V R S I I N L U T
A S T R O N A U T T I A K A
I U R U S D K Y H Q M K O I
N M J Y M Ø E W G J E S P V
O U S Y O G T V F R T I U A
V W U N S N T Ä V C E M T S
O M U Y Z M I L H S O K K I
I S Ä T E I L Y G D R K I R
M S U P E R N O V A I W U I
A S T E R O I D I G Z S K U
I Q Z S A T E L L I I T T I
B O B S E R V A T O R I O Ö
```

ASTEROIDI   KUU
ASTRONAUTTI   METEORI
TAIVAS   SUMU
RAKETTI   OBSERVATORIO
TÄHDISTÖ   SÄTEILY
KOSMOS   SATELLIITTI
PIMENNYS   SUPERNOVA
JEVNDØGN   KAUKOPUTKI
GALAKSI   MAA
PAINOVOIMA

65 - Tiempo

```
K Y Ö H K P D V D E T V M A
T U E E T Ä N Ä Ä N U I I A
L Y U T Y I Y O B N L I N M
G C P K Y V T Y N E E K U U
C T P I A Ä L F G N V K U N
Q U O J V U U R S D A O T U
T U N N I N S I B M I V T L
G S I M S O C I M L S W I K
K E S K I P Ä I V Ä U P F V
V S K J S K G D K K U D A O
L U A E U V U O S I S A T A
U N O Z L K A L E N T E R I
S H Y S Y L E I L E N B R Y
F I D V I V O Z I G U O N B
```

NYT
ENNEN
VUOSI
EILEN
KALENTERI
PÄIVÄ
TULEVAISUUS
TUNNIN
TÄNÄÄN

AAMU
KESKIPÄIVÄ
KUUKAUSI
MINUUTTI
HETKI
YÖ
KELLO
VIIKKO
VUOSISATA

66 - Paisajes

```
J  R  L  H  L  M  S  M  F  A  B  V  J  O
Ä  Z  A  S  A  C  E  D  T  A  J  E  E  D
Ä  G  G  B  A  K  D  R  G  E  Y  S  I  R
V  I  U  A  K  U  S  E  I  B  W  I  O  A
U  F  U  D  S  T  U  N  D  R  A  P  S  N
O  L  N  K  O  T  I  A  N  V  F  U  U  T
R  J  I  P  S  D  S  A  I  U  Z  T  O  A
I  J  Ä  R  V  I  T  V  E  O  J  O  U  R
D  K  T  Ä  F  R  O  I  M  R  L  U  B  H
Q  G  I  F  T  L  P  K  I  I  U  S  D  S
S  A  A  R  I  I  P  K  M  V  O  E  E  J
K  E  I  D  A  S  K  O  A  F  L  C  M  Q
J  Y  J  O  K  I  A  K  A  W  A  P  H  F
R  V  O  L  C  A  N  O  Ö  N  Z  Q  D  N
```

VESIPUTOUS	MERI
LUOLA	VUORI
AAVIKKO	KEIDAS
SUISTO	SUO
GEYSIR	NIEMIMAA
JÄÄTIKKÖ	RANTA
JÄÄVUORI	JOKI
SAARI	TUNDRA
JÄRVI	LAAKSO
LAGUUNI	VOLCANO

67 - Días y Meses

```
M A A N A N T A I L M J K K
K U U K A U S I O A A D G A
S Y Y S K U U R Y U R K G L
H U H T I K U U Z A R E J E
K A M T Y B T K U N A S I N
S V I I K K O Q V T S K H T
T U P V U A R K U A K I E E
I O N T F G S K E I U V L R
I S C N C Y T Z M S U I M I
S I V P U O A W V W Ä I I T
T U Q Z C N I K C R H K K W
A P P O Y L T L O K A K U U
I Z E S Y R Z A Q V U O U U
I E L O K U U S I A Z N R G
```

HUHTIKUU	TIISTAI
ELOKUU	KUUKAUSI
VUOSI	KESKIVIIKKO
KALENTERI	MARRASKUU
SUNNUNTAI	LOKAKUU
HELMIKUU	LAUANTAI
TORSTAI	VIIKKO
KESÄKUU	SYYSKUU
MAANANTAI	

68 - Chocolate

```
E S D N K S U O S I K K I H
K O B I M A I N E S O S A E
S K M O J A L V N W K M T R
O E U M W D K O U O O H K K
T R J A U H E U R C S K M U
I I R A N G L L E I N A A L
S A E P K A A K A O Ø R K L
K F S Ä A A A I K F T A E I
L S E H U R T I Z U T M A N
K Y P K D O U K J K E E Z E
J Ö T I N M T Z E P R L F N
D D I N I I M S E R F L S K
U Ä K Ä J G J D M G A I G V
W Y G T A R T I S A N A L G
```

KATKERA
AROMI
ARTISANAL
SOKERI
MAAPÄHKINÄT
KAAKAO
LAATU
KALORI
KARAMELLI
KOKOSNØTT

SYÖDÄ
HERKULLINEN
MAKEA
EKSOTISK
SUOSIKKI
MAKU
AINESOSA
JAUHE
RESEPTI

69 - Barbacoas

```
E  S  F  K  B  A  S  L  R  T  P  T  P  H
N  A  Q  K  A  T  G  A  O  M  J  O  D  E
T  K  A  N  A  Z  E  C  L  U  U  M  W  D
E  E  Q  S  N  Ä  L  K  Ä  A  N  A  V  E
T  S  K  L  C  Y  A  K  T  G  A  A  R  L
Z  Ä  J  K  L  L  P  W  O  W  W  T  S  M
K  U  U  M  A  K  S  H  S  H  G  I  I  Ä
Y  P  M  Q  S  S  E  V  I  L  R  T  P  T
V  E  I  T  S  E  T  B  F  F  I  R  U  R
B  L  S  U  O  L  A  I  P  B  L  H  L  D
H  I  J  Q  T  Y  W  J  K  R  L  P  I  V
N  T  H  T  G  Q  J  P  E  I  C  L  Y
M  U  S  I  I  K  K  I  N  C  R  S  U  I
P  E  R  H  E  P  I  P  P  U  R  I  E  I
```

LOUNAS	MUSIIKKI
KUUMA	LAPSET
SIPULI	GRILLI
VEITSET	PIPPURI
SALAATIT	KANA
PERHE	SUOLA
HEDELMÄ	KASTIKE
NÄLKÄ	TOMAATIT
PELIT	KESÄ

70 - Ropa

```
K D Z B Q M K Q A A G B W S
K A Z R N M E P K T W K L A
E P U S E R O K M M N M N N
N B T L Y H N K K O R U T D
K G U I A A U K H O U O A A
Ä C Z R R K S O A U D T K A
H O U S U T O D M E I I K L
V Y Ö P S Q T R E S A V I I
H R U Y U I T A U I R O I T
A J L J K D U B U L M P Q S
T S M A A K U P G I B A Q S
T W D M T B O W I I Å I U O
U E R A B Q A O I N N T G I
K Ä S I N E E T L A D A C H
```

PUSERO	KORUT
HUIVI	MUOTI
SUKAT	HOUSUT
PAITA	PYJAMA
TAKKI	ARMBÅND
VYÖ	SANDAALIT
KAULAKORU	HATTU
ESILIINA	MEKKO
HAME	KENKÄ
KÄSINEET	

71 - Meditación

```
S N Z I S R P U H J S S E F
R E Ä Y H B T R M U Z A C K
A F L K F D U A I Y O S R I
J F U K Ö D P U E N H M H I
A L O T E K M H L W E H I T
T U N N E Y U A I V N A R O
U I T L I N S L H W G V A L
K Z O Q E I I L M P I A U L
S R Y H T I I I S A T I H I
I D M E T B K N J V Y N A S
A O M L I I K E V J S T W U
J B M A K D I N C R B O N U
Y S T Ä V Ä L L I S Y Y S S
Y H Y V Ä K S Y M I N E N E
```

HYVÄKSYMINEN
HUOMIO
YSTÄVÄLLISYYS
RAUHALLINEN
SELKEYS
TUNNE
KIITOLLISUUS
MIELI
LIIKE

MUSIIKKI
LUONTO
HAVAINTO
RAUHA
AJATUKSIA
NÄKÖKULMA
RYHTI
HENGITYS

72 - Perros

```
L D H I H N A R C R I G Q K
P E Y S T Ä V Ä L L I N E N
Ö U M O K O U L U T U S L K
R S O M A K E K U A U T P C
R K V A I S T O Y Q L T Q G
Ö O A L I K D J G I K S H H
I L T S U U K A O H R E E N
N L M U P M L I F O O F B Z
E I T S E P Ä I N E N C R L
N N D M K P H A U S K A A E
P E J V Y A I P E N T U I M
Q N J Y S N U E R Y T U P P
I U S M I I Q B N M O P O E
T O T T E L E V A I N E N Ä
```

YSTÄVÄLLINEN
PENTU
KUMPPANI
HIHNA
HAUSKAA
KOULUTUS
ISO
LUU

VAISTO
USKOLLINEN
LEMMIKKI
TOTTELEVAINEN
PÖRRÖINEN
PIENI
LEMPEÄ
ITSEPÄINEN

73 - Libros

```
T  T  H  D  S  S  T  A  R  I  N  A  U  K
R  F  U  K  E  K  S  E  L  I  Ä  S  P  O
A  W  M  I  I  R  R  S  C  F  U  S  O  N
A  T  O  L  K  I  U  O  A  H  E  O  T  T
G  V  R  P  K  F  P  N  M  R  K  F  U  E
I  C  I  F  A  T  S  V  O  A  J  R  S  K
N  Y  S  S  I  L  R  G  R  U  A  A  Y  S
E  C  T  Y  L  I  U  J  R  V  S  N  U  T
N  S  I  V  U  G  N  N  P  S  H  Y  I  I
O  K  N  T  Y  I  O  K  E  R  T  O  J  A
T  I  E  R  E  L  E  V  A  A  N  T  I  A
U  H  N  S  A  N  A  T  E  K  I  J  Ä  R
K  A  K  S  I  N  A  I  S  U  U  S  A  Q
K  O  K  O  E  L  M  A  L  U  K  I  J  A
```

TEKIJÄ	LUKIJA
SEIKKAILU	KERTOJA
KOKOELMA	ROMAANI
KONTEKSTI	SANAT
KAKSINAISUUS	SIVU
SKRIFTLIG	RELEVAANTIA
TARINA	RUNO
HUMORISTINEN	RUNOUS
UPOTUS	SARJA
KEKSELIÄS	TRAAGINEN

74 - Nutrición

```
S K A R B O H Y D R A T E R
Y U Y R U O K A V A L I O W
Ö P R O T E I I N I L P O Q
T R U O K A H A L U M A K U
Ä D O Z G M Z W D I U I T C
V T A S A P A I N O I N E N
Ä E N H M Y R K K Y K O R K
D R S S F W A Ä A H A G V A
B V U Z K C N Y L G S V E T
P E L A A T U M O R T I Y K
N I A W I U L I R L I L S E
U A T S P Z E N I F K J W R
Q Z U S W H E E A W E A K A
O L S F N L V N D T F E B U
```

KATKERA	TASAPAINOINEN
RUOKAHALU	KÄYMINEN
LAATU	PAINO
KALORI	PROTEIINI
KARBOHYDRATER	MAKU
VILJA	KASTIKE
SYÖTÄVÄ	TERVEYS
RUOKAVALIO	TERVE
RUOANSULATUS	MYRKKY

75 - Edificios

```
L O B S E R V A T O R I O T
S A M R D Y B R E D L Z Y E
T A B U A L G R H D Ä H L A
B U I O S J Y L D O H U I T
M T S R R E E W A R E O O T
M O A B A A O T S M T N P E
Z T E M L A T O B W Y E I R
S A A E H M L O A Z S I S I
T L I N N A E A R O T S T A
A L K G T A Y S W I Ö T O O
D I O H O T E L L I O O S P
I S U K R I H O S T E L L I
O O L F N L E L O K U V A C
N G U M I A V P L S Y D B M
```

HOSTELLI
HUONEISTO
LINNA
ELOKUVA
LÄHETYSTÖ
KOULU
STADION
TEHDAS
AUTOTALLI
LATO

MAATILA
SAIRAALA
HOTELLI
LABORATORIO
MUSEO
OBSERVATORIO
TEATTERI
TORNI
YLIOPISTO

76 - Océano

```
L R L V A L A S D P N M N A
S R D R N L E J B A A Q A Z
E I Q A K I L P I K O N N A
I M E S E M A N E T S B R V
O U Q N R Y Y F L E V Ä T E
R S A M I R I U T T A I T N
E T T C A S U B H F K H I E
B E Y E S K O R A L L I D T
N K Y C R Y A W I L W Z E V
R A P U A I M L R K U D V U
K L S U O L A Y A A D W A T
K A T K A R A V U T K C N B
T U N F I S K G W L A E N S
D E L F I I N I D N S I K J
```

LEVÄT   SIENI
ANKERIAS   TIDEVANN
RIUTTA   MANET
TUNFISK   OSTERI
VALAS   KALA
VENE   MUSTEKALA
KATKARAVUT   SUOLA
RAPU   HAI
KORALLI   MYRSKY
DELFIINI   KILPIKONNA

77 - Ciudad

```
F  H  L  A  T  H  K  E  L  O  K  U  V  A
K  P  E  P  E  G  G  A  L  L  E  R  I  A
I  A  I  T  A  Q  C  I  U  R  J  Y  K  J
R  I  P  E  T  E  J  Y  H  P  D  Y  Y  H
J  R  O  E  T  E  Y  A  L  E  P  C  L  O
A  A  M  K  E  U  M  U  S  E  O  A  U  T
K  V  O  K  R  S  T  A  D  I  O  N  F  E
A  I  J  I  I  N  Y  P  R  H  U  J  T  L
U  N  R  U  Q  Y  V  M  E  K  T  W  H  L
P  T  K  J  B  K  L  I  N  I  K  K  A  I
P  O  O  O  A  E  F  K  P  L  W  I  V  O
A  L  U  R  C  S  M  A  Q  I  B  B  N  Y
U  A  L  A  P  M  T  P  A  N  K  K  I  A
K  D  U  C  Y  L  I  O  P  I  S  T  O  C
```

LUFTHAVN	HOTELLI
PANKKI	KIRJAKAUPPA
KIRJASTO	MARKKINA
ELOKUVA	MUSEO
KLINIKKA	LEIPOMO
KOULU	RAVINTOLA
STADION	TEATTERI
APTEEKKI	KAUPPA
GALLERIA	YLIOPISTO

78 - Conservación

```
K V P Q O I Y F Y L H E F T
E Ä V E S I J S F U U K O O
S H E Q M U H J G O O O R R
T E R V E Y S O G N L S U J
Ä N I L M A S T O N E Y R U
V T Y G F M Y Z W O N S E N
Ä Ä G M K L K I F L A T N T
G Ä S V P L L S L L I E S A
G L Z Z B Ä I C O I H E N A
V I H R E Ä R S S N E M I I
N O R G A A N I N E N I N N
S B U W D E S S N O Z G E
M O M K I E R R Ä T T Ä Ä D
K O U L U T U S P A Ö L T A
```

VESI   ORGAANINEN
YMPÄRISTÖ   TORJUNTA-AINE
SYKLI   HUOLENAIHE
ILMASTO   KIERRÄTTÄÄ
FORURENSNING   VÄHENTÄÄ
EKOSYSTEEMI   TERVEYS
KOULUTUS   KESTÄVÄ
LUONNOLLINEN   VIHREÄ

79 - Exploración

```
I  J  P  Q  V  M  T  S  J  U  N  T  T  C
K  Ä  Ä  D  A  F  I  V  U  M  A  A  U  L
I  N  Ä  C  A  Q  L  W  K  G  E  U  N  D
S  N  T  W  R  T  A  V  I  L  L  I  T  C
L  I  T  Z  A  O  M  C  E  W  B  O  E  K
Ö  T  Ä  P  L  I  H  W  L  H  U  C  M  A
Y  Y  V  P  L  M  D  K  I  H  B  R  A  U
T  S  Ä  O  I  I  E  K  E  U  I  S  T  K
Ö  Y  I  P  N  N  L  D  L  U  S  R  O  A
I  Q  S  P  E  T  C  C  Ä  P  T  V  N  I
A  L  Y  I  N  A  L  L  I  U  D  T  T  N
D  G  Y  A  U  Y  S  L  M  M  Q  W  A  E
J  Q  S  A  P  L  W  N  E  U  U  S  I  N
K  E  E  S  P  E  D  R  T  S  H  O  O  Y
```

TOIMINTA	KAUKAINEN
UUPUMUS	JÄNNITYS
ELÄIMET	TILA
OPPIA	KIELI
ROHKEUTTA	UUSI
TUNTEMATON	VAARALLINEN
LÖYTÖ	VILLI
PÄÄTTÄVÄISYYS	MAA

80 - Campeonato

```
M O T I V A A T I O K H M M
P K Y N M A Q D R H S I E E
E E Y Q J I L M S W S K S S
L S P D R E T M A J T I T T
I T U N P S L A E A R V A A
T Ä T I I M I H L N A H R R
I V M H K D I C W I T U I U
T Y K N O S G Q I A E A R U
U Y T U O M A R I G G B J S
R S C W P Y U R H E I L U A
N Y S V O I T T O O A H Y N
A K F I N A L I S T I U B A
U B Q R L P V K C T Y G C K
S Y J S W E S I T Y S F A R
```

MESTARUUS	LIIGA
MESTARI	MITALI
URHEILU	MOTIVAATIO
VALMENTAJA	ESITYS
TIIMI	KESTÄVYYS
STRATEGIA	TURNAUS
FINALISTI	HIKI
PELIT	VOITTO
TUOMARI	

81 - Actividades y Ocio

```
H  A  R  R  A  S  T  U  K  S  E  T  O  N
R  R  Q  B  A  S  E  B  A  L  L  M  K  Y
J  K  O  R  I  P  A  L  L  O  L  A  J  R
A  O  S  T  O  K  S  E  T  W  U  T  C  K
L  F  U  K  A  L  A  S  T  U  S  K  Q  K
K  N  K  V  Y  I  M  A  A  L  A  U  S  E
A  V  E  T  V  C  D  H  Y  M  R  S  A  I
P  S  L  E  A  E  J  E  M  F  L  T  H  L
A  J  L  N  E  Z  S  D  D  K  W  A  P  Y
L  O  U  N  L  U  O  B  W  I  U  A  E  A
L  B  S  I  L  Q  C  N  W  L  K  I  S  U
O  Y  C  S  U  V  M  F  W  P  O  M  M  C
B  P  P  B  S  G  C  C  E  A  S  E  E  A
C  A  M  P  I  N  G  O  L  F  H  L  W  A
```

HARRASTUKSET	JALKAPALLO
TAIDE	GOLF
KORIPALLO	UIMA
BASEBALL	KALASTUS
NYRKKEILY	MAALAUS
SUKELLUS	VAELLUS
CAMPING	TENNIS
KILPA	MATKUSTAA
OSTOKSET	

82 - Comida #1

```
A S S F Q W T K A R E I Y S
M R U S Q E G U O M T Z J K
E G P O H Q K W N H U V C S
H I P K L W H D N F R S W A
U L E E N A U R I S I A F L
U S A R E K A N E L I S C A
L O M I N T T U I L F M K A
V A L K O S I P U L I A S T
P I N A A T T I Z Q M N I T
P Ä Ä R Y N Ä U S L A S P I
S I T R U U N A C L I I U W
Q P O R K K A N A I T K L L
J L T B Y A G M T H O K I F
C R B A S I L I K A V A B G
```

VALKOSIPULI	MANSIKKA
BASILIKA	MEHU
TUNFISK	MAITO
SOKERI	SITRUUNA
KANELI	MINTTU
LIHA	NAURIS
OHRA	PÄÄRYNÄ
SIPULI	SUOLA
SALAATTI	SUPPE
PINAATTI	PORKKANA

83 - Virtudes #1

```
S N P H R V J U P V P P J N
H I U H Y V Ä W T B R C R C
A J H J U Q V W P E Ä S A U
U F D K D W I Z J P L T T Y
S P A U A O I D N V Y I K B
K O S Q L M S E N R K R A V
A T E H O K A S W E Ä L I S
C I U S C G S W Z T S Z S B
G L L U O T E T T A V A E E
T A I T E E L L I N E N V T
Z S V I E H Ä T T Ä V Ä A O
A M A N V H P R A K T I S K
V A A T I M A T O N G F T G
A N T E L I A S N I E K Z A
```

TAITEELLINEN   HAUSKA
HYVÄ   ÄLYKÄS
UTELIAS   PUHDAS
RATKAISEVA   VAATIMATON
TEHOKAS   POTILAS
VIEHÄTTÄVÄ   PRAKTISK
LUOTETTAVA   VIISAS
ANTELIAS

84 - Literatura

```
A V R O M A A N I R I R S K
A N F G R P N U R U E Y P W
N E A K U T Ä A E N G T J F
E L L N K F Ä L O T M Y I
K Ä N M O O B Y T Y Y I K K
D M V M L G L N T E Y L T T
O Ä U J L O I G A U L S R I
O K H D I S S A L K I M I O
T E F V N D I A L O G R Ä T
T R T T E K I J Ä U T Y M A
I T E W N K U V A U S H G T
B A E L O P P U S O I N T U
Y E M E T A F O R A J R J A
C G A K E S P K E R T O J A
```

ANALOGIA
ANALYYSI
ANEKDOOTTI
TEKIJÄ
ELÄMÄKERTA
PÄÄTELMÄ
KUVAUS
DIALOG
TYYLI

FIKTIOTA
METAFORA
KERTOJA
ROMAANI
RUNO
RUNOLLINEN
LOPPUSOINTU
RYTMI
TEEMA

85 - Baño

```
O R W P H A N A U D O Q M G
W G S E H A H U R O R G I K
Z E D I H G J P J R M W I D
Q K Y L P Y K U S U I H K U
E T V I P V Q U V K V W S E
S H A M P O O L P E E C A S
P Ö D A Y I P E K L S Q K A
I Y W T Y D T E L R I I S I
B R N T H E O A Q E D A E P
M Y S O E Y A T A F H C T P
U W D I R Q Y F L Y E A Q U
G B V I E S S C N A W P G A
L U P J I N D I U Y Y V Q P
W L B Q U K I B D R E K N I
```

VESI
MATTO
WC
KYLPY
KUPLIA
SHAMPOO
SUIHKU
PEILI

SIENI
HANA
SAIPPUA
VOIDE
HAJUVESI
SAKSET
PYYHE
HÖYRY

86 - Clima

```
U  Z  R  A  U  H  A  L  L  I  N  E  N  E
K  U  I  V  A  P  N  Ä  H  C  M  T  L  T
K  T  U  U  L  I  Y  M  M  K  G  O  Q  R
O  R  H  U  R  I  S  P  O  L  A  R  T  O
N  P  U  Y  T  I  L  Ö  J  C  S  N  O  O
E  O  I  Y  W  L  H  T  A  I  V  A  S  P
N  S  A  L  A  M  A  I  K  L  Q  D  M  P
M  W  U  H  V  A  T  L  U  M  I  O  O  I
O  Y  I  V  H  I  U  A  I  A  Y  O  N  N
S  Y  R  U  D  N  L  P  V  S  E  R  S  E
B  U  F  S  N  E  V  L  U  T  F  Z  U  N
A  K  M  Y  K  N  A  P  U  O  E  Y  U  O
S  Q  N  U  D  Y  K  O  S  J  Ä  Ä  N  F
Q  V  K  H  U  R  R  I  K  A  A  N  I  Q
```

ILMAINEN	POLAR
RAUHALLINEN	SALAMA
TAIVAS	KUIVA
ILMASTO	KUIVUUS
JÄÄN	LÄMPÖTILA
HURRIKAANI	MYRSKY
TULVA	TORNADO
MONSUUNI	TROOPPINEN
SUMU	UKKONEN
PILVI	TUULI

87 - Comida #2

```
I N K I V Ä Ä R I M W A H A
J J A Z J C G L N U U Y H U
U W N U V M O M E N A N B R
U K A I M T J V V A K J A I
S J O G U R T T I K I H N N
T P M M K I I V I O R J A G
O H T U A R D F U I S R A O
L E I P Ä N H W U S I Y N N
R I I S I R T V D O K P I K
I N T V J J Q E E P K Ä U U
T O M A A T T I L H A L E K
U P K S E L L E R I N E O K
M R S U K L A A Y F N Ä U A
Y K A R T I S O K K A H S L
```

ARTISOKKA   KIIVI
MANTELI   OMENA
SELLERI   LEIPÄ
RIISI   BANAANI
MUNAKOISO   KANA
KIRSIKKA   JUUSTO
SUKLAA   TOMAATTI
AURINGONKUKKA   VEHNÄ
MUNA   RYPÄLE
INKIVÄÄRI   JOGURTTI

88 - Castillos

```
M  I  E  K  K  A  D  L  P  E  K  C  F  K
P  H  P  O  F  G  U  J  R  M  D  Z  Ø  I
R  E  A  N  T  D  K  A  I  P  Y  F  Y  L
I  V  N  G  G  S  V  L  N  I  T  K  D  P
N  O  S  E  W  O  W  O  S  R  N  K  A  I
S  N  S  R  C  A  K  E  S  E  B  L  L  L
E  E  A  I  F  H  P  R  I  T  A  R  I  I
S  N  R  K  A  T  A  P  U  L  T  T  I  N
S  S  I  E  Q  R  L  Y  C  U  G  L  N  N
A  T  E  W  I  Z  A  G  P  T  N  E  J  O
V  E  J  I  G  I  T  O  R  N  I  U  P  I
B  U  D  Y  N  A  S  T  I  A  F  E  Q  T
T  L  Z  F  M  Ä  I  O  G  D  Z  Q  L  U
T  W  G  L  O  H  I  K  Ä  Ä  R  M  E  S
```

PANSSARI	LINNOITUS
RITARI	EMPIRE
HEVONEN	JALO
KATAPULTTI	PALATSI
KRUUNU	SEINÄ
DYNASTIA	PRINSESSA
LOHIKÄÄRME	PRINSSI
KILPI	KONGERIKE
MIEKKA	TORNI
FØYDAL	

89 - Arte

```
I G S U R R E A L I S M I M
M O N I M U T K A I N E N I
D B Y M R Q N A I Z Q Y C E
U F Y K D D Q O G Z F L D L
S Y M B O L I J U Z H Q M I
K O O S T U M U S S F A I A
A U O R E H E L L I N E N L
S T V W S N H S U D V K S A
I L M A I S U C Z O C W P I
V E I S T O S V P W D N I H
V I S U A A L I N E N A R E
A L K U P E R Ä I N E N E G
K E R A A M I N E N R D R R
Z A W C S P C Q I B R A T I
```

KERAAMINEN
MONIMUTKAINEN
KOOSTUMUS
LUODA
VEISTOS
ILMAISU
REHELLINEN
MIELIALA

INSPIRERT
ALKUPERÄINEN
RUNOUS
KUVATA
SYMBOLI
SURREALISMI
AIHE
VISUAALINEN

90 - Herboristería

```
Y P F Q S H F K U K K A Y A
W E D G U D R E Q H L K B R
Q R A K U U N A N P O B R O
D S B K A S V I J K B D H M
R I B A S I L I K A O N V A
O L P L A A T U J M M L A A
S J V U A S M R G I E U I T
M A I Y U V D G Q N I J N T
A K H G K T E U L T R M E I
R M R T G I A N S T A A S N
I Q E P D L L R T U M K O E
I K Ä C O L A H H E I U S N
N J W P S I J B A A L G A S
I V A L K O S I P U L I G W
```

VALKOSIPULI   PUUTARHA
BASILIKA   LAVENTELI
AROMAATTINEN   MEIRAMI
LAATU   MINTTU
TILLI   PERSILJA
RAKUUNA   KASVI
KUKKA   ROSMARIINI
FENKOLI   MAKU
AINESOSA   VIHREÄ

91 - Verano

```
M  E  I  R  K  R  A  N  T  A  C  K  Y  O
A  C  L  E  I  S  U  K  E  L  L  U  S  T
T  Z  O  N  R  A  J  O  T  H  P  C  T  M
K  K  Q  T  J  N  M  T  K  T  W  A  Ä  U
U  J  O  O  A  D  J  I  R  A  U  M  V  S
S  D  B  U  T  A  T  Ä  H  T  I  P  Ä  I
T  W  P  T  F  A  P  E  R  H  E  I  G  I
A  Y  F  U  T  L  L  A  O  E  Q  N  O  K
A  U  U  M  U  I  R  Q  R  S  P  G  A  K
P  E  L  I  T  T  S  J  F  W  Z  H  L  I
U  P  W  N  T  K  A  H  R  E  C  L  W  P
O  F  E  E  R  A  W  R  Q  O  K  O  G  K
O  E  W  N  M  E  R  I  H  P  V  M  C  O
Q  K  B  N  R  W  W  M  V  A  P  A  A  E
```

ILO	KIRJAT
YSTÄVÄ	MERI
SUKELLUS	MUSIIKKI
CAMPING	VAPAA
RUOKA	RANTA
TÄHTI	RENTOUTUMINEN
PERHE	SANDAALIT
KOTI	LOMA
PUUTARHA	MATKUSTAA
PELIT	

92 - Insectos

```
S  Z  Z  N  N  D  D  V  H  N  G  C  B  M
M  U  U  R  A  H  A  I  N  E  N  I  N  A
P  H  D  M  H  Q  T  E  K  Y  L  C  K  T
E  E  G  E  T  O  U  K  K  A  E  A  A  O
R  I  R  H  N  Q  A  W  Z  M  P  D  U  T
H  N  E  I  Q  K  K  F  T  P  P  A  T  E
O  Ä  S  L  L  W  O  V  A  I  Ä  T  O  R
N  S  S  Ä  B  K  I  R  V  A  K  H  R  M
E  I  H  I  B  M  F  V  E  I  E  M  A  I
N  R  O  N  H  A  S  W  P  N  R  L  K  I
L  K  P  E  L  H  O  R  N  E  T  A  K  T
G  K  P  N  K  Y  M  U  D  N  T  O  A  T
H  A  E  Q  P  K  I  R  P  P  U  S  B  I
S  I  R  K  K  A  H  Y  T  T  Y  N  E  N
```

MEHILÄINEN	SUDENKORENTO
AMPIAINEN	SIRKKA
HORNET	PERHONEN
KIRVA	LEPPÄKERTTU
CICADA	HYTTYNEN
TORAKKA	KOI
MATO	KIRPPU
MUURAHAINEN	HEINÄSIRKKA
GRESSHOPPE	TERMIITTI
TOUKKA	

93 - Especias

```
M A K U U O P E K T S K K S
V A L K O S I P U L I Y A K
Y O U W N L Y M M D P N T W
P J P S U O L A I Q U S K K
D A I J T S T P N P L I E A
W P P P E E M F A I I D R R
L A K R I T S I K P R B A D
O W A A I L J A D P C W K E
H A P A N K E Q H U U S A M
H N M A K E A V H R W W N U
R I N K I V Ä Ä R I A C E M
B S V C I C U R R Y I M L M
C I C Z M E F E N K O L I A
V A N I L J A A C G H Q H O
```

HAPAN	CURRY
VALKOSIPULI	MAKEA
KATKERA	FENKOLI
ANIS	INKIVÄÄRI
MAUSTESAHRAMI	PAPRIKA
KANELI	PIPPURI
KARDEMUMMA	LAKRITSI
SIPULI	MAKU
KYNSI	SUOLA
KUMINA	VANILJA

94 - Emociones

```
A D T Z H H N B R A R Y I R
U M N J V K Z K E H A S K A
T Y Y T Y V Ä I N E N T Ä U
U Ö S R I Y M I T L C Ä V H
U T I C R L L T O P O V Y A
S Ä S S R E O N O O Ä S W
E T Ä H P V I L Y T L L T H
P U L V V M K L N U M L Y E
B N T T Z E O I D S W I M L
C T Ö B Z K F N N W G S I L
A O C Q D C P E L K O Y N Y
Y L L Ä T Y S N O S L Y E Y
Q C N H N R A K K A U S N S
A U I N N O I S S A A N M Z
```

IKÄVYSTYMINEN	INNOISSAAN
KIITOLLINEN	PELKO
ILO	RAUHA
HELPOTUS	RENTO
RAKKAUS	TYYTYVÄINEN
AUTUUS	MYÖTÄTUNTO
YSTÄVÄLLISYYS	YLLÄTYS
SISÄLTÖ	HELLYYS

95 - Mediciones

```
S G M K D L M I T T A R I T
Y E R I U M I D K A S M V O
V D P A I N O T O V T A L N
Y J I Y M P U O R U E S D N
Y B T U I M W T K A L S Y I
S S U C N Y A V E T V A T T
G A U V U P O B U E U D O C
T L S I U L O U S J K U L Q
E L C V T U N S S I G U M S
S E N T T I M E T R I Y A A
M V E K I L O G R A M M A M
D E S I M A A L I H Y R E K
K Y K I L O M E T R I E C F
U S T I L A V U U S Q Y G Z
```

KORKEUS   PITUUS
LEVEYS   MASSA
TAVU   MITTARI
SENTTIMETRI   MINUUTTI
DESIMAALI   UNSSI
ASTE   PAINO
GRAMMA   SYVYYS
KILOGRAMMA   TUUMA
KILOMETRI   TONNI
LITRA   TILAVUUS

96 - Barcos

```
B  T  D  D  V  P  U  R  J  E  V  E  N  E
P  O  I  J  U  V  A  L  T  A  M  E  R  I
A  A  L  T  O  Q  G  V  H  N  H  T  N  H
B  N  Y  M  R  K  A  N  O  O  T  T  I  T
E  K  N  E  O  O  I  U  T  L  O  M  I  E
J  K  L  R  V  M  A  S  T  O  C  P  O  K
Ä  U  A  I  E  O  E  Y  K  A  J  A  K  K
R  R  U  M  S  O  K  R  L  Q  Y  V  V  J
V  I  T  I  I  T  L  V  I  V  K  T  G  K
I  J  T  E  S  T  M  I  E  H  I  S  T  Ö
Y  E  A  S  V  O  E  W  M  S  B  L  D  Y
Y  D  J  G  R  R  H  P  I  W  F  R  N  S
Q  P  A  N  J  I  H  S  A  Q  C  N  U  I
P  E  L  A  S  T  U  S  V  E  N  E  D  F
```

ANKKURI	MERIMIES
LAUTTA	MASTO
PELASTUSVENE	MOOTTORI
POIJU	VALTAMERI
KANOOTTI	AALTO
KÖYSI	JOKI
KAJAKK	MIEHISTÖ
JÄRVI	PURJEVENE
MERI	JAHTI
VUOROVESI	

97 - Antártida

```
V T Y P K O U M M O Y W I M
C U B Q I E J I M U E B F V
V V N E V Z Y N A V U B P Y
V U D Q I W U E A B M T M Y
K Z M U N V Y R N M A U T J
S A A R E T L A O E A T B O
J Ä Ä N N D K A S K N K L N
Q S S Z M W P L A H T I L I
W H K U H J I I F T I J F E
L I N T U O L C O E E A U M
K J H Y D F V E S I D Z G I
V Q M A N Q I S B R E E R M
L Ä M P Ö T I L A E O Z Q A
R E T K I K U N T A B F W A
```

VESI	SAARET
LAHTI	MUUTTO
MAANOSA	MINERAALI
RETKIKUNTA	PILVI
MAANTIEDE	LINTU
ISBREER	NIEMIMAA
JÄÄN	KIVINEN
TUTKIJA	LÄMPÖTILA

98 - Piratas

```
D A L N K P T Y A H P K M H
L G R A N T A V N A S V M O
I M D P D S E I K K A I L U
P G Q D I M M L K L A Y K P
P T J P F H E L U M R K A A
U H M I E K K A R O I I R P
H U O N O A F O I K L P T U
K U L T A P L D M L L A T K
O O F V K T O Z K P K T A A
L J E A L E G E N D A U R I
I A M A R E R O M M I S T J
K U R R I N A A R R E G S A
O T W A Z I O I V W G K R I
T M I E H I S T Ö D C M L I
```

ANKKURI	PAPUKAIJA
SEIKKAILU	HUONO
LIPPU	KARTTA
KOMPASSI	KOLIKOT
KAPTEENI	KULTA
ARPI	VAARA
LUOLA	RANTA
MIEKKA	ROMMI
SAARI	AARRE
LEGENDA	MIEHISTÖ

99 - Mamíferos

```
K E T T U K D M Z P I Q D K
A O D E L F I I N I P G C A
R Z I L K S K R K U O F K M
H L P R F T T U A R H J O E
U G W Y A P I N A H H C J L
G K V W V A L A S J V I O I
O E S M H U A W I Y V I O G
R N K A N I M K I S S A T H
I G W I O U M A H Z V P T I
L U P Z R I A Z Y Ä H G I Z
L R Q E S L S U S I R C G J
A U U S U C I Z N W G K I S
H W V S A I O N G M A T Ä D
H E V O N E N S E E P R A N
```

VALAS	KISSA
AASI	GORILLA
HEVONEN	KIRAHVI
KAMELI	SUSI
KENGURU	APINA
SEEPRA	KARHU
KANI	LAMMAS
KOJOOTTI	KOIRA
DELFIINI	HÄRKÄ
NORSU	KETTU

100 - Abejas

```
K A S V I T S N Z O H P E K
H E D E L M Ä A D T Y O K U
S I I V E T E H V N Ö L O N
D Z N Q P V U F D U D L S I
P U U T A R H A Z O Y I Y N
Z L I C R T U J U D L N S G
C F H A A W J O I D L A T A
V C Y A F A M B K B I T E T
P A R V I K U K K A N O E A
J E D C I U F Z O V E R M R
U Z S U N K F M R Z N Z I A
M P M Ä I A H U N A J A F V
V H Y Ö N T E I N E N Q G Z
S I I T E P Ö L Y D I S O H
```

SIIVET	HEDELMÄ
HYÖDYLLINEN	SAVU
PARAFIINI	HYÖNTEINEN
PESÄ	PUUTARHA
RUOKA	HUNAJA
EKOSYSTEEMI	KASVIT
PARVI	SIITEPÖLY
KUKKA	POLLINATOR
KUKAT	KUNINGATAR

1 - Ajedrez

2 - Agua

3 - Granja #2

4 - Mueble

5 - Pesca

6 - Aviones

7 - Tipos de Cabello

8 - Ciencia Ficción

9 - Juguetes

10 - Circo

11 - Granja #1

12 - Camping

13 - Fruta

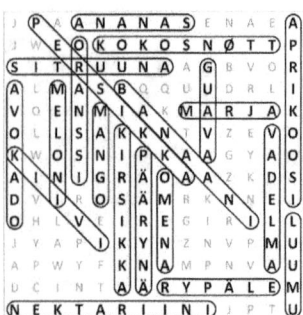

14 - Geología

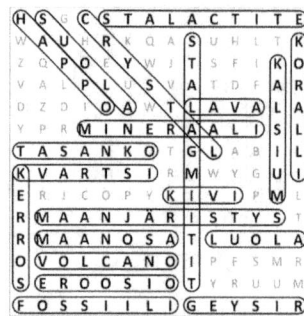

15 - Plantas

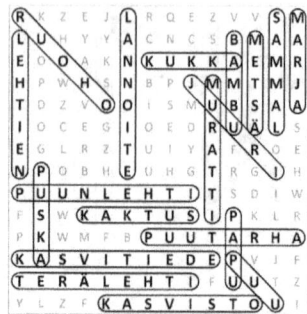

16 - Suministros de Arte

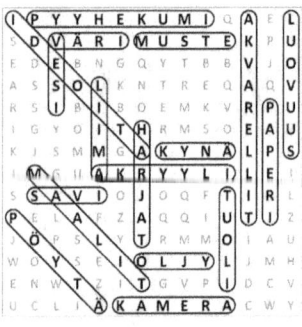

17 - Jardín

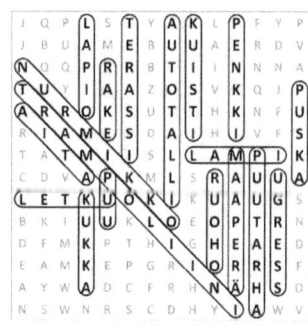

18 - Países #2

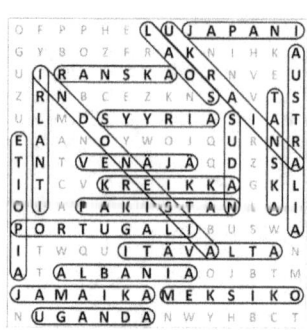

19 - Tecnología

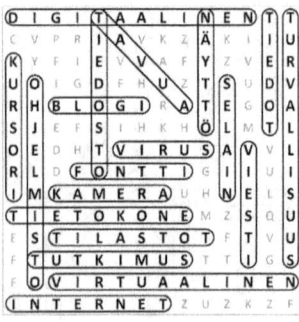

20 - Números

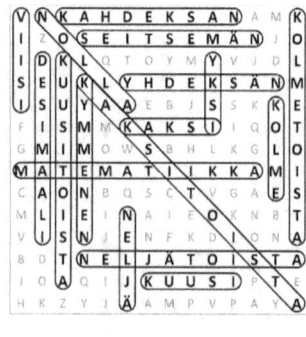

21 - Mitología

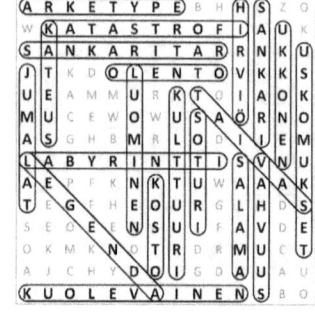

22 - Ecología

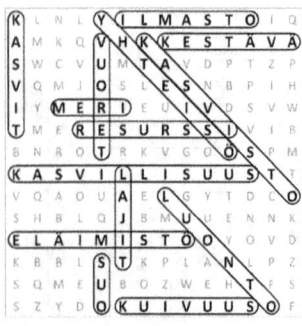

23 - Casa

24 - Artes Visuales

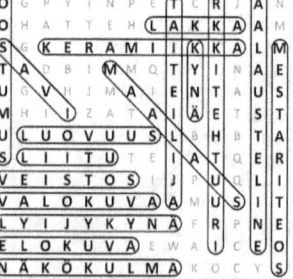

25 - Escuela #2

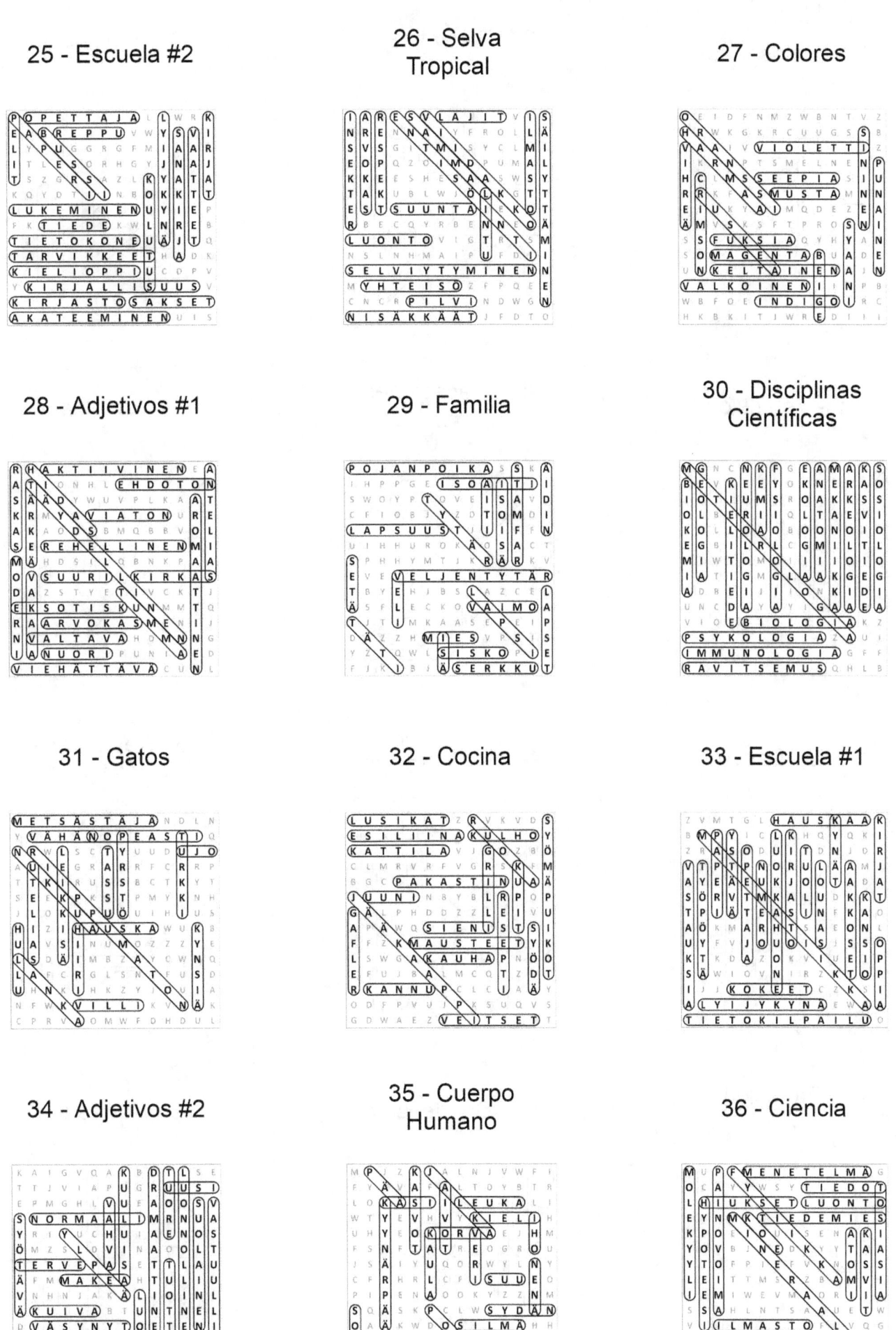

26 - Selva Tropical

27 - Colores

28 - Adjetivos #1

29 - Familia

30 - Disciplinas Científicas

31 - Gatos

32 - Cocina

33 - Escuela #1

34 - Adjetivos #2

35 - Cuerpo Humano

36 - Ciencia

37 - Dinosaurios

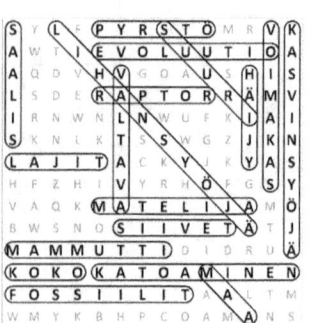

38 - Restaurante #2

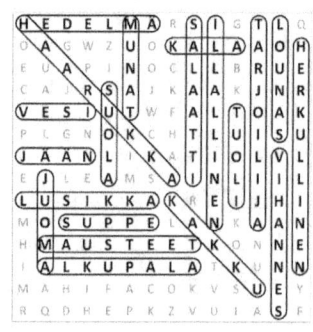

39 - Profesiones #1

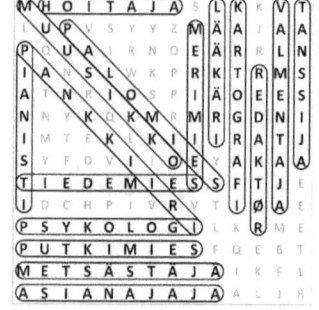

40 - Vehículos

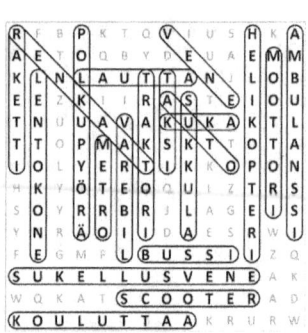

41 - Vacaciones #2

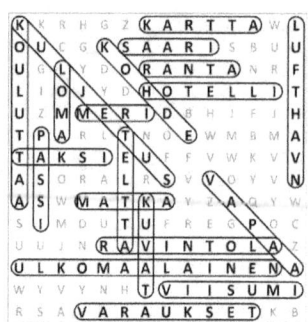

42 - Cumpleaños

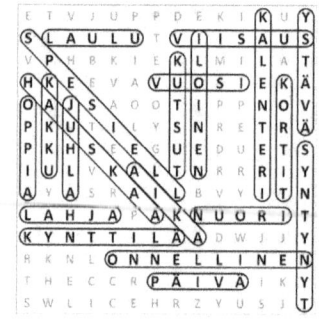

43 - Baile

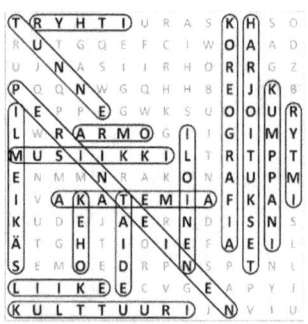

44 - Matemáticas

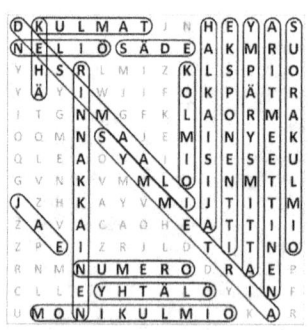

45 - Restaurante #1

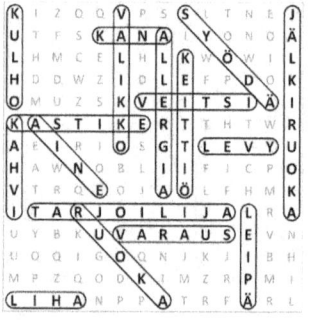

46 - Profesiones #2

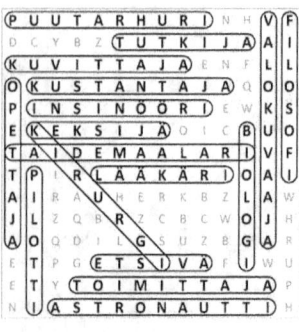

47 - Senderismo

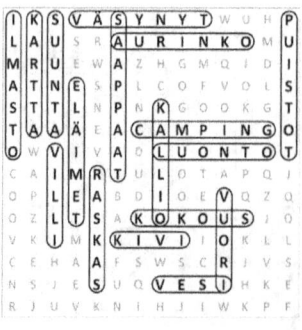

48 - Naturaleza

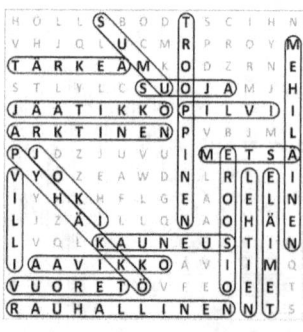

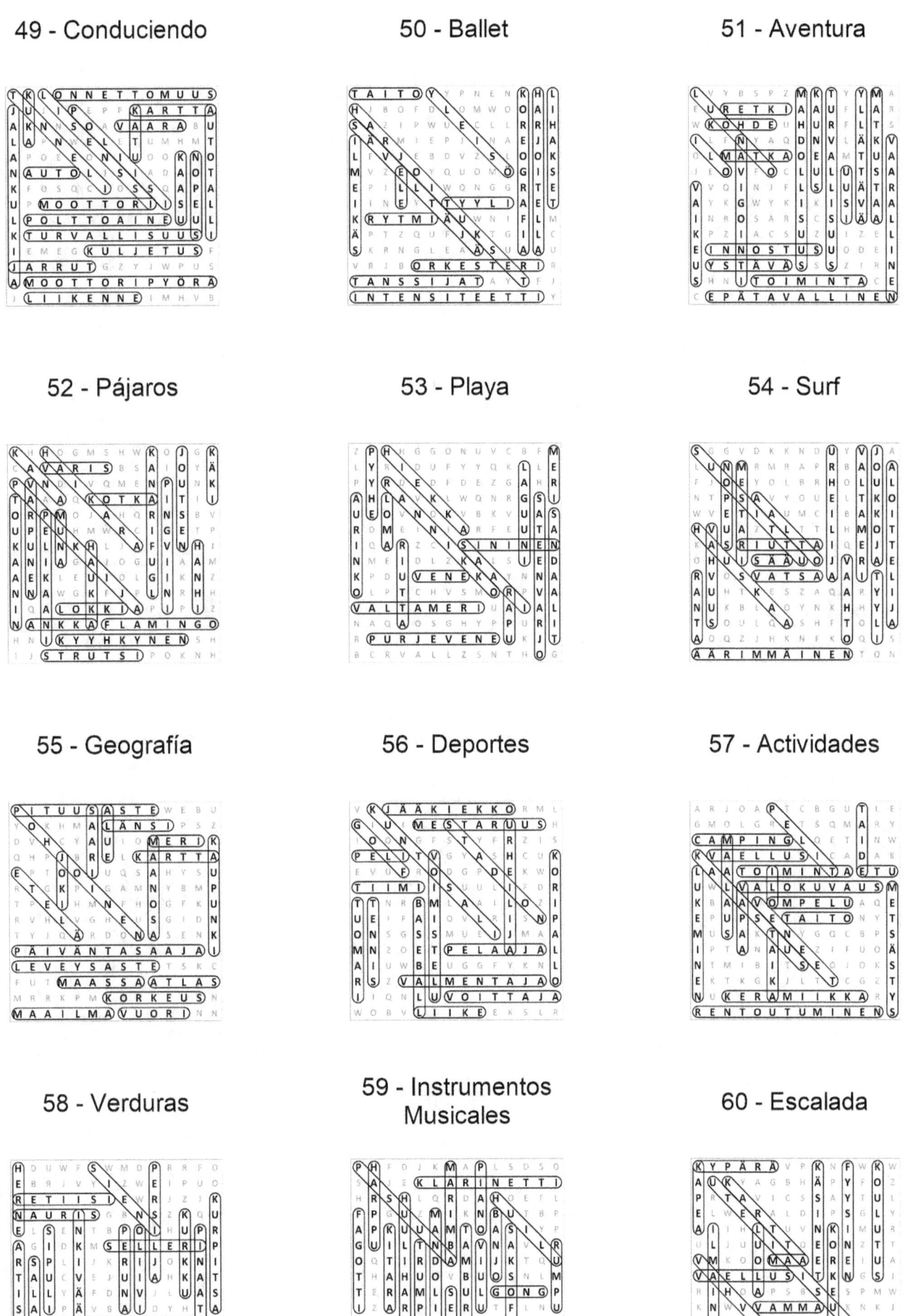

49 - Conduciendo

50 - Ballet

51 - Aventura

52 - Pájaros

53 - Playa

54 - Surf

55 - Geografía

56 - Deportes

57 - Actividades

58 - Verduras

59 - Instrumentos Musicales

60 - Escalada

61 - Mascotas

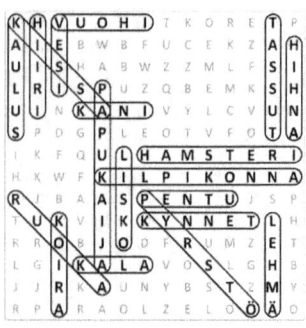

62 - Formas

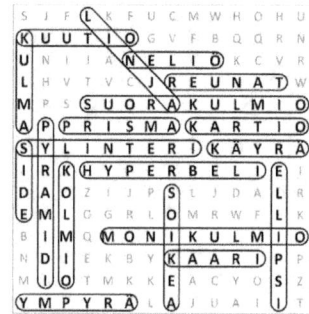

63 - Flores

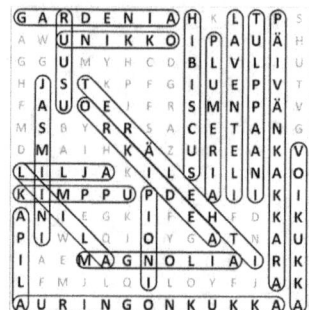

64 - Astronomía

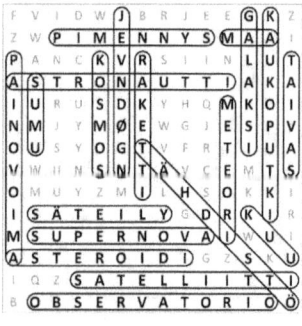

65 - Tiempo

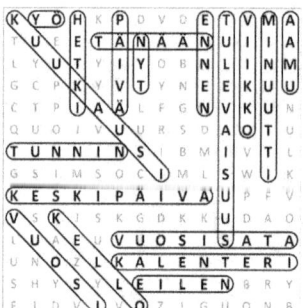

66 - Paisajes

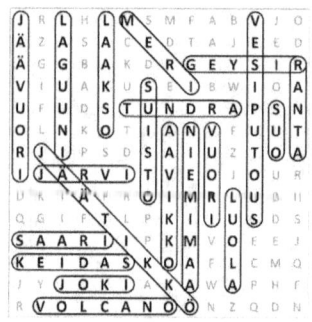

67 - Días y Meses

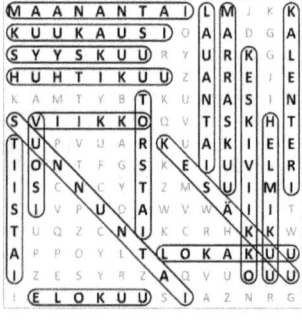

68 - Chocolate

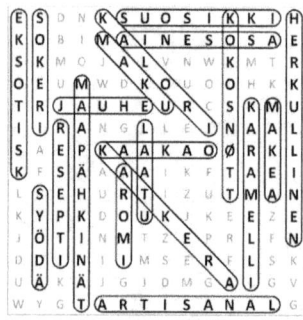

69 - Barbacoas

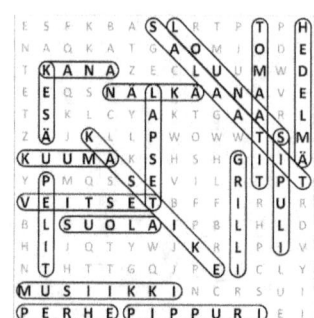

70 - Ropa

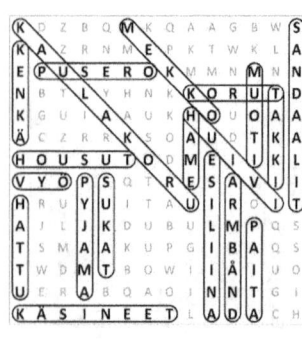

71 - Meditación

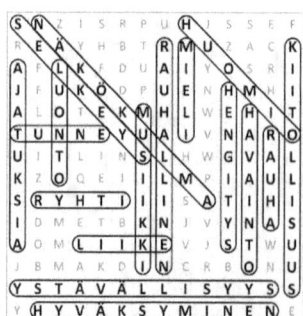

72 - Perros

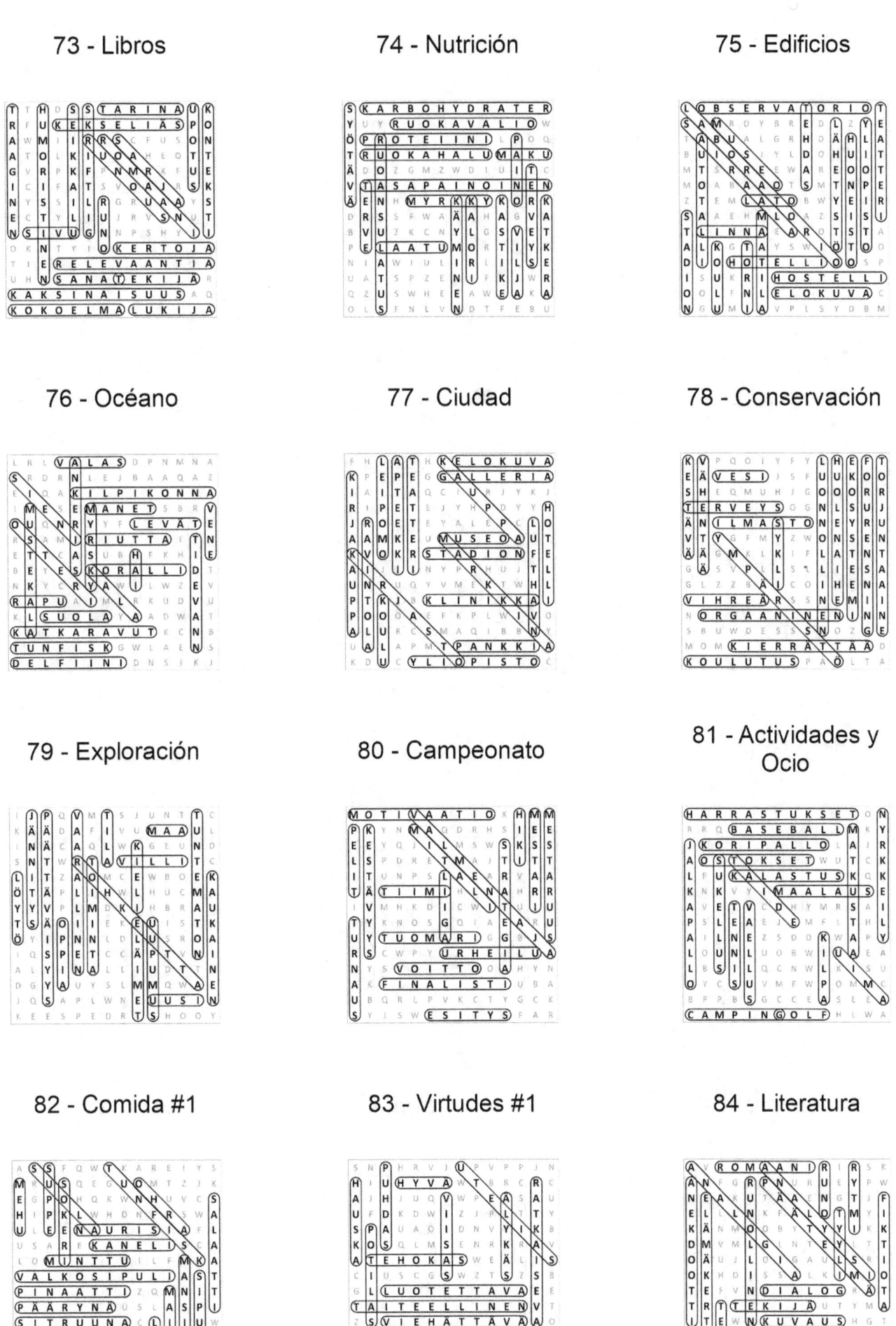

73 - Libros

74 - Nutrición

75 - Edificios

76 - Océano

77 - Ciudad

78 - Conservación

79 - Exploración

80 - Campeonato

81 - Actividades y Ocio

82 - Comida #1

83 - Virtudes #1

84 - Literatura

85 - Baño
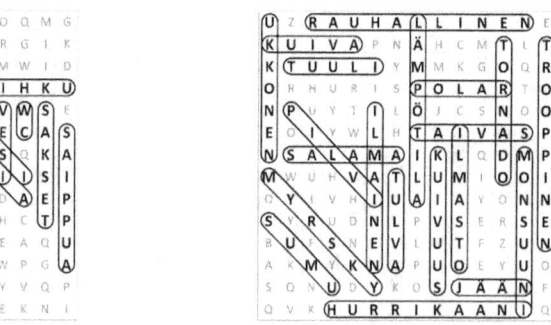

86 - Clima

87 - Comida #2

88 - Castillos
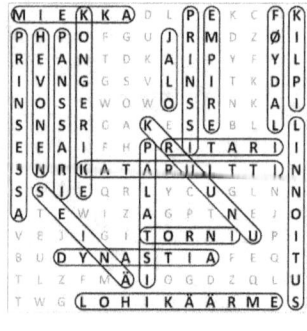

89 - Arte
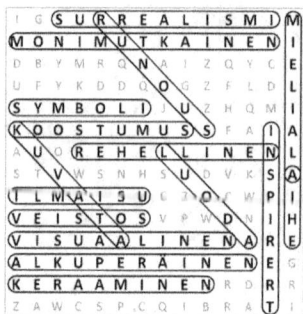

90 - Herboristería
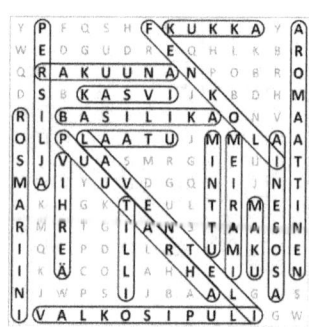

91 - Verano
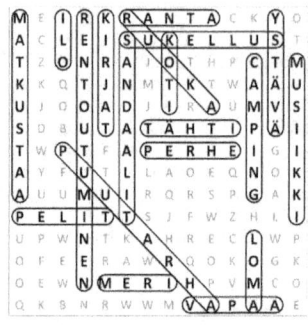

92 - Insectos
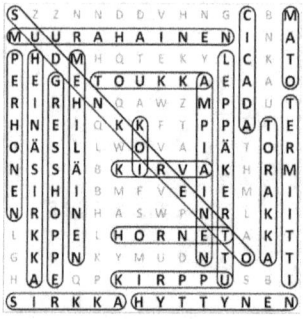

93 - Especias
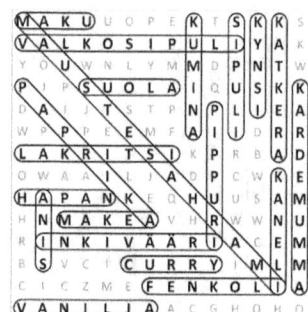

94 - Emociones
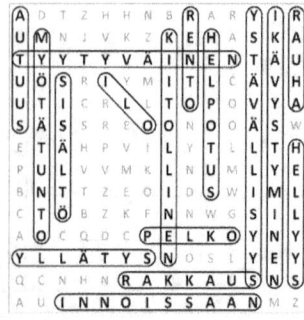

95 - Mediciones
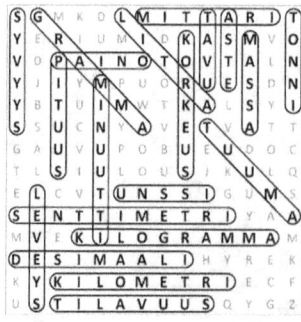

96 - Barcos
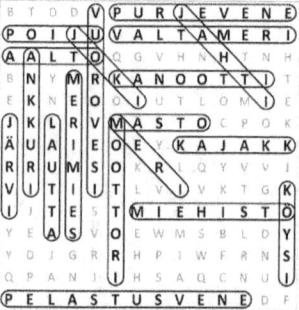

97 - Antártida

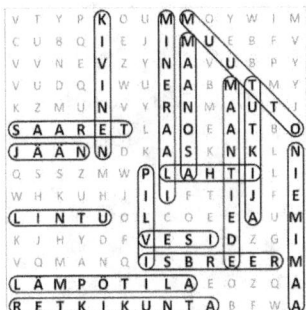

98 - Piratas

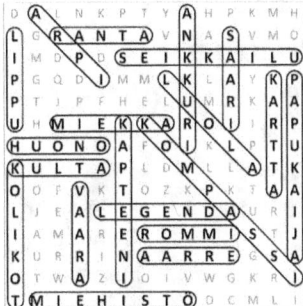

99 - Mamíferos

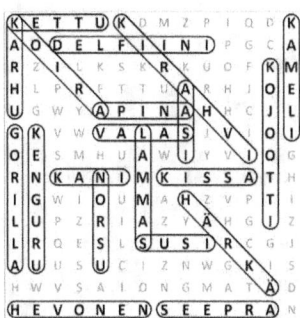

100 - Abejas

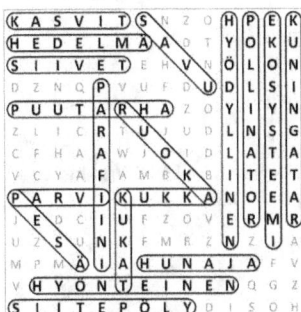

Diccionario

Abejas
Mehiläiset

Alas	Siivet
Beneficioso	Hyödyllinen
Cera	Parafiini
Colmena	Pesä
Comida	Ruoka
Ecosistema	Ekosysteemi
Enjambre	Parvi
Flor	Kukka
Flores	Kukat
Fruta	Hedelmä
Humo	Savu
Insecto	Hyönteinen
Jardín	Puutarha
Miel	Hunaja
Plantas	Kasvit
Polen	Siitepöly
Polinizador	Pollinator
Reina	Kuningatar
Sol	Aurinko

Actividades
Toiminta

Actividad	Toiminta
Arte	Taide
Artesanía	Veneet
Camping	Camping
Caza	Metsästys
Cerámica	Keramiikka
Costura	Ompelu
Fotografía	Valokuvaus
Habilidad	Taito
Intereses	Etu
Juegos	Pelit
Lectura	Lukeminen
Magia	Taika
Ocio	Vapaa
Pesca	Kalastus
Pintura	Maalaus
Placer	Ilo
Relajación	Rentoutuminen
Senderismo	Vaellus

Actividades y Ocio
Toiminta ja Vapaa-Aika

Aficiones	Harrastukset
Arte	Taide
Baloncesto	Koripallo
Béisbol	Baseball
Boxeo	Nyrkkeily
Buceo	Sukellus
Camping	Camping
Carreras	Kilpa
Compras	Ostokset
Fútbol	Jalkapallo
Golf	Golf
Natación	Uima
Pesca	Kalastus
Pintura	Maalaus
Relajante	Rentouttava
Senderismo	Vaellus
Surf	Lainelautailu
Tenis	Tennis
Viaje	Matkustaa
Voleibol	Lentopallo

Adjetivos #1
Adjektiivit #1

Absoluto	Ehdoton
Activo	Aktiivinen
Aromático	Aromaattinen
Atractivo	Viehättävä
Brillante	Kirkas
Enorme	Valtava
Exótico	Eksotisk
Generoso	Antelias
Grande	Suuri
Honesto	Rehellinen
Importante	Tärkeä
Inocente	Viaton
Joven	Nuori
Lento	Hidas
Moderno	Moderni
Oscuro	Tumma
Perfecto	Täydellinen
Pesado	Raskas
Serio	Vakava
Valioso	Arvokas

Adjetivos #2
Adjektiivit #2

Cansado	Väsynyt
Comestible	Syötävä
Creativo	Luova
Descriptivo	Kuvaus
Dramático	Dramaattinen
Dulce	Makea
Elegante	Tyylikäs
Famoso	Kuuluisa
Fresco	Tuore
Fuerte	Vahva
Natural	Luonnollinen
Normal	Normaali
Nuevo	Uusi
Orgulloso	Ylpeä
Picante	Mausteinen
Productivo	Tuottava
Responsable	Vastuullinen
Salado	Suolainen
Saludable	Terve
Seco	Kuiva

Agua
Vesi

Canal	Kanava
Ducha	Suihku
Evaporación	Haihtuminen
Géiser	Geysir
Helada	Pakkanen
Hielo	Jään
Humedad	Kosteus
Huracán	Hurrikaani
Húmedo	Kostea
Inundación	Tulva
Lago	Järvi
Lluvia	Sade
Monzón	Monsuuni
Nieve	Lumi
Océano	Valtameri
Olas	Aalto
Riego	Kastelu
Río	Joki
Vapor	Höyry

Ajedrez
Shakki

Aprender	Oppia
Blanco	Valkoinen
Campeón	Mestari
Concurso	Kilpailu
Diagonal	Diagonaalinen
Estrategia	Strategia
Juego	Peli
Jugador	Pelaaja
Negro	Musta
Oponente	Vastustaja
Pasivo	Passiivinen
Reglas	Säännöt
Reina	Kuningatar
Rey	Kuningas
Sacrificio	Uhrata
Tiempo	Aika
Torneo	Turnaus

Antártida
Antarktis

Agua	Vesi
Bahía	Lahti
Científico	Tieteellinen
Conservación	Säilyttäminen
Continente	Maanosa
Expedición	Retkikunta
Geografía	Maantiede
Glaciares	Isbreer
Hielo	Jään
Investigador	Tutkija
Islas	Saaret
Migración	Muutto
Minerales	Mineraali
Nubes	Pilvi
Pájaros	Lintu
Península	Niemimaa
Pingüinos	Pingviinit
Rocoso	Kivinen
Temperatura	Lämpötila
Topografía	Topografia

Arte
Taide

Cerámica	Keraaminen
Complejo	Monimutkainen
Composición	Koostumus
Crear	Luoda
Escultura	Veistos
Expresión	Ilmaisu
Honesto	Rehellinen
Humor	Mieliala
Inspirado	Inspirert
Original	Alkuperäinen
Poesía	Runous
Retratar	Kuvata
Símbolo	Symboli
Surrealismo	Surrealismi
Tema	Aihe
Visual	Visuaalinen

Artes Visuales
Kuvataide

Arcilla	Savi
Arquitectura	Arkkitehtuuri
Artista	Taiteilija
Barniz	Lakka
Caballete	Maalausteline
Cera	Parafiini
Cerámica	Keramiikka
Composición	Koostumus
Creatividad	Luovuus
Escultura	Veistos
Fotografía	Valokuva
Lápiz	Lyijykynä
Obra Maestra	Mestariteos
Película	Elokuva
Perspectiva	Näkökulma
Pintura	Maalaus
Pluma	Kynä
Retrato	Muotokuva
Tiza	Liitu

Astronomía
Tähtitiede

Asteroide	Asteroidi
Astronauta	Astronautti
Cielo	Taivas
Cohete	Raketti
Constelación	Tähdistö
Cosmos	Kosmos
Eclipse	Pimennys
Equinoccio	Jevndøgn
Galaxia	Galaksi
Gravedad	Painovoima
Luna	Kuu
Meteoro	Meteori
Nebulosa	Sumu
Observatorio	Observatorio
Planeta	Planeetta
Radiación	Säteily
Satélite	Satelliitti
Supernova	Supernova
Telescopio	Kaukoputki
Tierra	Maa

Aventura
Seikkailu

Actividad	Toiminta
Alegría	Ilo
Amigos	Ystävä
Belleza	Kauneus
Destino	Kohde
Dificultad	Vaikeus
Entusiasmo	Innostus
Excursión	Retki
Inusual	Epätavallinen
Itinerario	Matka
Naturaleza	Luonto
Navegación	Navigointi
Nuevo	Uusi
Oportunidad	Mahdollisuus
Peligroso	Vaarallinen
Seguridad	Turvallisuus
Sorprendente	Yllättävä
Viajes	Matkustaa

Aviones
Lentokone

Aire	Ilma
Altura	Korkeus
Aterrizaje	Lasku
Atmósfera	Ilmainen
Aventura	Seikkailu
Cielo	Taivas
Combustible	Polttoaine
Construcción	Rakentaminen
Dirección	Suunta
Diseño	Utforming
Globo	Ilmapallo
Hélices	Potkuri
Hidrógeno	Vety
Historia	Historia
Motor	Moottori
Navegar	Navigoida
Pasajero	Matkustaja
Piloto	Pilotti
Tripulación	Miehistö
Turbulencia	Turbulenssi

Baile
Tanssi

Academia	Akatemia
Alegre	Iloinen
Arte	Taide
Clásico	Klassinen
Coreografía	Koreografia
Cuerpo	Keho
Cultura	Kulttuuri
Emoción	Tunne
Ensayo	Harjoitukset
Expresivo	Ilmeikäs
Gracia	Armo
Movimiento	Liike
Música	Musiikki
Postura	Ryhti
Ritmo	Rytmi
Socio	Kumppani
Tradicional	Perinteinen
Visual	Visuaalinen

Ballet
Baletti

Artístico	Taiteellinen
Audiencia	Yleisö
Bailarina	Ballerina
Bailarines	Tanssijat
Compositor	Säveltäjä
Coreografía	Koreografia
Ensayo	Harjoitukset
Estilo	Tyyli
Expresivo	Ilmeikäs
Gesto	Ele
Habilidad	Taito
Intensidad	Intensiteetti
Músculos	Lihakset
Música	Musiikki
Orquesta	Orkesteri
Práctica	Harjoitella
Ritmo	Rytmi
Técnica	Tekniikka

Baño
Kylpyhuone

Agua	Vesi
Alfombra	Matto
Aseo	Wc
Baño	Kylpy
Burbujas	Kuplia
Champú	Shampoo
Ducha	Suihku
Espejo	Peili
Esponja	Sieni
Grifo	Hana
Jabón	Saippua
Loción	Voide
Perfume	Hajuvesi
Tijeras	Sakset
Toalla	Pyyhe
Vapor	Höyry

Barbacoas
Grilli

Almuerzo	Lounas
Caliente	Kuuma
Cebollas	Sipuli
Cena	Illallinen
Cuchillos	Veitset
Ensaladas	Salaatit
Familia	Perhe
Fruta	Hedelmä
Hambre	Nälkä
Juegos	Pelit
Música	Musiikki
Niños	Lapset
Parrilla	Grilli
Pimienta	Pippuri
Pollo	Kana
Sal	Suola
Salsa	Kastike
Tomates	Tomaatit
Verano	Kesä
Verduras	Vihannes

Barcos
Veneitä

Ancla	Ankkuri
Balsa	Lautta
Bote Salvavidas	Pelastusvene
Boya	Poiju
Canoa	Kanootti
Cuerda	Köysi
Kayak	Kajakk
Lago	Järvi
Mar	Meri
Marea	Vuorovesi
Marinero	Merimies
Mástil	Masto
Motor	Moottori
Océano	Valtameri
Olas	Aalto
Río	Joki
Tripulación	Miehistö
Velero	Purjevene
Yate	Jahti

Campeonato
Mestaruus

Campeonato	Mestaruus
Campeón	Mestari
Deportes	Urheilu
Entrenador	Valmentaja
Equipo	Tiimi
Estrategia	Strategia
Finalista	Finalisti
Juegos	Pelit
Juez	Tuomari
Liga	Liiga
Medalla	Mitali
Motivación	Motivaatio
Rendimiento	Esitys
Resistencia	Kestävyys
Torneo	Turnaus
Transpiración	Hiki
Victoria	Voitto

Camping
Telttailu

Animales	Eläimet
Aventura	Seikkailu
Árboles	Puu
Bosque	Metsä
Brújula	Kompassi
Cabina	Mökki
Canoa	Kanootti
Caza	Metsästys
Cuerda	Köysi
Equipo	Laitteet
Fuego	Antaa Potkut
Hamaca	Riippumatto
Insecto	Hyönteinen
Lago	Järvi
Linterna	Lyhty
Luna	Kuu
Mapa	Kartta
Montaña	Vuori
Naturaleza	Luonto
Sombrero	Hattu

Casa
Talo

Alfombra	Matto
Ático	Ullakko
Biblioteca	Kirjasto
Chimenea	Takka
Cocina	Keittiö
Dormitorio	Makuuhuone
Ducha	Suihku
Escoba	Luuta
Espejo	Peili
Garaje	Autotalli
Grifo	Hana
Jardín	Puutarha
Lámpara	Lamppu
Pared	Seinä
Piso	Lattia
Puerta	Ovi
Sótano	Kellari
Techo	Katto
Valla	Aita
Ventana	Ikkuna

Castillos
Linnat

Armadura	Panssari
Caballero	Ritari
Caballo	Hevonen
Catapulta	Katapultti
Corona	Kruunu
Dinastía	Dynastia
Dragón	Lohikäärme
Escudo	Kilpi
Espada	Miekka
Feudal	Føydal
Fortaleza	Linnoitus
Imperio	Empire
Noble	Jalo
Palacio	Palatsi
Pared	Seinä
Princesa	Prinsessa
Príncipe	Prinssi
Reino	Kongerike
Torre	Torni
Unicornio	Yksisarvinen

Chocolate
Suklaa

Amargo	Katkera
Aroma	Aromi
Artesanal	Artisanal
Azúcar	Sokeri
Cacahuetes	Maapähkinät
Cacao	Kaakao
Calidad	Laatu
Calorías	Kalori
Caramelo	Karamelli
Coco	Kokosnøtt
Comer	Syödä
Delicioso	Herkullinen
Dulce	Makea
Exótico	Eksotisk
Favorito	Suosikki
Gusto	Maku
Ingrediente	Ainesosa
Polvo	Jauhe
Receta	Resepti

Ciencia
Tiede

Átomo	Atomi
Científico	Tiedemies
Clima	Ilmasto
Datos	Tiedot
Evolución	Evoluutio
Experimento	Koe
Física	Fysiikka
Fósil	Fossiili
Gravedad	Painovoima
Hecho	Tosiasia
Hipótesis	Hypoteesi
Laboratorio	Laboratorio
Método	Menetelmä
Minerales	Mineraali
Moléculas	Molekyyli
Naturaleza	Luonto
Organismo	Organismi
Partículas	Hiukset
Plantas	Kasvit
Químico	Kemiallinen

Ciencia Ficción
Tieteiskirjallisuus

Cine	Elokuva
Distante	Kaukainen
Escenario	Skenaario
Explosión	Räjähdys
Extremo	Äärimmäinen
Fantástico	Fantastinen
Fuego	Antaa Potkut
Futurista	Futuristinen
Galaxia	Galaksi
Ilusión	Illuusio
Libros	Kirjat
Misterioso	Salaperäinen
Mundo	Maailma
Novelas	Romaaneja
Oráculo	Oraakkeli
Planeta	Planeetta
Realista	Realistinen
Robots	Robotti
Tecnología	Teknologia
Utopía	Utopia

Circo
Sirkus

Acróbata	Akrobat
Animales	Eläimet
Billete	Lippu
Carpa	Teltta
Desfile	Paraati
Elefante	Norsu
Entretener	Viihdyttää
Espectador	Katsoja
Globos	Ballonger
León	Leijona
Magia	Taika
Mago	Taikuri
Malabarista	Jonglööri
Mono	Apina
Música	Musiikki
Tigre	Tiikeri
Traje	Puku
Truco	Temppu

Ciudad
Kaupunki

Aeropuerto	Lufthavn
Banco	Pankki
Biblioteca	Kirjasto
Cine	Elokuva
Clínica	Klinikka
Escuela	Koulu
Estadio	Stadion
Farmacia	Apteekki
Galería	Galleria
Hotel	Hotelli
Librería	Kirjakauppa
Mercado	Markkina
Museo	Museo
Panadería	Leipomo
Restaurante	Ravintola
Supermercado	Supermarket
Teatro	Teatteri
Tienda	Kauppa
Universidad	Yliopisto
Zoo	Eläintarha

Clima
Sää

Atmósfera	Ilmainen
Calma	Rauhallinen
Cielo	Taivas
Clima	Ilmasto
Hielo	Jään
Huracán	Hurrikaani
Inundación	Tulva
Monzón	Monsuuni
Niebla	Sumu
Nube	Pilvi
Polar	Polar
Rayo	Salama
Seco	Kuiva
Sequía	Kuivuus
Temperatura	Lämpötila
Tormenta	Myrsky
Tornado	Tornado
Tropical	Trooppinen
Trueno	Ukkonen
Viento	Tuuli

Cocina
Keittiö

Caldera	Kattila
Comer	Syödä
Comida	Ruoka
Congelador	Pakastin
Cucharas	Lusikat
Cucharón	Kauha
Cuchillos	Veitset
Delantal	Esiliina
Especias	Mausteet
Esponja	Sieni
Horno	Uuni
Jarra	Kannu
Palillos	Syömäpuikot
Parrilla	Grilli
Receta	Resepti
Refrigerador	Jääkaappi
Servilleta	Lautasliina
Tazas	Kupit
Tazón	Kulho
Tenedores	Gafler

Colores
Värit

Amarillo	Keltainen
Azul	Sininen
Beige	Beige
Blanco	Valkoinen
Carmesí	Crimson
Cian	Syaani
Fucsia	Fuksia
Gris	Harmaa
Índigo	Indigo
Magenta	Magenta
Marrón	Ruskea
Naranja	Oranssi
Negro	Musta
Púrpura	Violetti
Rojo	Punainen
Sepia	Seepia
Verde	Vihreä

Comida #1
Ruoka #1

Ajo	Valkosipuli
Albahaca	Basilika
Atún	Tunfisk
Azúcar	Sokeri
Canela	Kaneli
Carne	Liha
Cebada	Ohra
Cebolla	Sipuli
Ensalada	Salaatti
Espinacas	Pinaatti
Fresa	Mansikka
Jugo	Mehu
Leche	Maito
Limón	Sitruuna
Menta	Minttu
Nabo	Nauris
Pera	Päärynä
Sal	Suola
Sopa	Suppe
Zanahoria	Porkkana

Comida #2
Ruoka #2

Alcachofa	Artisokka
Almendra	Manteli
Apio	Selleri
Arroz	Riisi
Berenjena	Munakoiso
Cereza	Kirsikka
Chocolate	Suklaa
Girasol	Auringonkukka
Huevo	Muna
Jengibre	Inkivääri
Kiwi	Kiivi
Manzana	Omena
Pan	Leipä
Plátano	Banaani
Pollo	Kana
Queso	Juusto
Tomate	Tomaatti
Trigo	Vehnä
Uva	Rypäle
Yogur	Jogurtti

Conduciendo
Ajo

Accidente	Onnettomuus
Calle	Katu
Camión	Kuka
Coche	Auto
Combustible	Polttoaine
Frenos	Jarrut
Garaje	Autotalli
Gas	Kaasu
Licencia	Lisenssi
Mapa	Kartta
Motocicleta	Moottoripyörä
Motor	Moottori
Peatonal	Jalankulkija
Peligro	Vaara
Policía	Poliisi
Seguridad	Turvallisuus
Transporte	Kuljetus
Tráfico	Liikenne
Túnel	Tunneli
Velocidad	Nopeus

Conservación
Säilyttäminen

Agua	Vesi
Ambiental	Ympäristö
Ciclo	Sykli
Clima	Ilmasto
Contaminación	Forurensning
Ecosistema	Ekosysteemi
Educación	Koulutus
Natural	Luonnollinen
Orgánico	Orgaaninen
Pesticida	Torjunta-Aine
Preocupación	Huolenaihe
Reciclar	Kierrättää
Reducir	Vähentää
Salud	Terveys
Sostenible	Kestävä
Verde	Vihreä
Voluntario	Vapaaehtoinen

Cuerpo Humano
Ihmiskehon

Barbilla	Leuka
Boca	Suu
Cabeza	Pää
Cara	Kasvot
Cerebro	Aivot
Codo	Kyynärpää
Corazón	Sydän
Cuello	Kaula
Dedo	Sormi
Hombro	Olkapää
Lengua	Kieli
Mano	Käsi
Nariz	Nenä
Ojo	Silmä
Oreja	Korva
Piel	Iho
Pierna	Jalka
Rodilla	Polvi
Sangre	Veri
Tobillo	Nilkka

Cumpleaños
Syntymäpäivä

Alegre	Iloinen
Amigos	Ystävä
Año	Vuosi
Aprender	Oppia
Calendario	Kalenteri
Canción	Laulu
Celebración	Juhla
Diversión	Hauskaa
Día	Päivä
Especial	Spesiell
Feliz	Onnellinen
Invitaciones	Kutsut
Joven	Nuori
Nacer	Syntynyt
Pastel	Kakku
Regalo	Lahja
Sabiduría	Viisaus
Tarjetas	Kortit
Tiempo	Aika
Velas	Kynttilä

Deportes
Urheilu

Atleta	Urheilija
Árbitro	Tuomari
Baloncesto	Koripallo
Béisbol	Baseball
Bicicleta	Polkupyörä
Campeonato	Mestaruus
Entrenador	Valmentaja
Equipo	Tiimi
Estadio	Stadion
Ganador	Voittaja
Gimnasia	Voimistelu
Gimnasio	Kuntosali
Golf	Golf
Hockey	Jääkiekko
Juego	Peli
Jugador	Pelaaja
Movimiento	Liike
Tenis	Tennis

Dinosaurios
Dinosaurus

Alas	Siivet
Carnívoro	Lihansyöjä
Cola	Pyrstö
Desaparición	Katoaminen
Enorme	Valtava
Especie	Lajit
Evolución	Evoluutio
Fósiles	Fossiilit
Grande	Suuri
Herbívoro	Kasvinsyöjä
Mamut	Mammutti
Poderoso	Voimakas
Presa	Saalis
Raptor	Raptor
Reptil	Matelija
Tamaño	Koko
Tierra	Maa
Vicioso	Häijy

Disciplinas Científicas
Tieteelliset Alat

Anatomía	Anatomia
Arqueología	Arkeologia
Astronomía	Tähtitiede
Biología	Biologia
Bioquímica	Biokemia
Botánica	Kasvitiede
Ecología	Ekologia
Fisiología	Fysiologia
Geología	Geologia
Inmunología	Immunologia
Lingüística	Kielitiede
Mecánica	Mekaniikka
Meteorología	Meteorologia
Mineralogía	Mineralogia
Neurología	Neurologia
Nutrición	Ravitsemus
Psicología	Psykologia
Química	Kemia
Sociología	Sosiologia
Zoología	Eläintiede

Días y Meses
Päivät ja Kuukaudet

Abril	Huhtikuu
Agosto	Elokuu
Año	Vuosi
Calendario	Kalenteri
Domingo	Sunnuntai
Enero	Tammikuu
Febrero	Helmikuu
Jueves	Torstai
Julio	Heinäkuu
Junio	Kesäkuu
Lunes	Maanantai
Martes	Tiistai
Mes	Kuukausi
Miércoles	Keskiviikko
Noviembre	Marraskuu
Octubre	Lokakuu
Sábado	Lauantai
Semana	Viikko
Septiembre	Syyskuu
Viernes	Perjantai

Ecología
Ekologia

Clima	Ilmasto
Comunidades	Yhteisö
Especie	Lajit
Fauna	Eläimistö
Flora	Kasvisto
Marino	Meri
Montañas	Vuoret
Natural	Luonnollinen
Naturaleza	Luonto
Pantano	Suo
Plantas	Kasvit
Recursos	Resurssi
Sequía	Kuivuus
Sostenible	Kestävä
Supervivencia	Selviytyminen
Vegetación	Kasvillisuus
Voluntarios	Frivillige

Edificios
Rakennukset

Albergue	Hostelli
Apartamento	Huoneisto
Castillo	Linna
Cine	Elokuva
Embajada	Lähetystö
Escuela	Koulu
Estadio	Stadion
Fábrica	Tehdas
Garaje	Autotalli
Granero	Lato
Granja	Maatila
Hospital	Sairaala
Hotel	Hotelli
Laboratorio	Laboratorio
Museo	Museo
Observatorio	Observatorio
Supermercado	Supermarket
Teatro	Teatteri
Torre	Torni
Universidad	Yliopisto

Emociones
Tunteita

Aburrimiento	Ikävystyminen
Agradecido	Kiitollinen
Alegría	Ilo
Alivio	Helpotus
Amor	Rakkaus
Beatitud	Autuus
Bondad	Ystävällisyys
Calma	Rauhallinen
Contenido	Sisältö
Emocionado	Innoissaan
Ira	Suututtaa
Miedo	Pelko
Paz	Rauha
Relajado	Rento
Satisfecho	Tyytyväinen
Simpatía	Myötätunto
Sorpresa	Yllätys
Ternura	Hellyys
Tranquilidad	Rauhallisuus
Tristeza	Surullisuus

Escalada
Kiipeily

Altitud	Korkeus
Atmósfera	Ilmainen
Botas	Saappaat
Casco	Kypärä
Cueva	Luola
Curiosidad	Uteliaisuus
Estabilidad	Vakaus
Estrecho	Kapea
Experto	Asiantuntija
Físico	Fyysinen
Formación	Koulutus
Fuerza	Vahvuus
Guantes	Käsineet
Lesión	Vamma
Mapa	Kartta
Senderismo	Vaellus
Terreno	Maa

Escuela #1
Koulu nro 1

Alfabeto	Aakkoset
Almuerzo	Lounas
Amigos	Ystävä
Aprender	Oppia
Aula	Luokkahuone
Biblioteca	Kirjasto
Carpetas	Kansio
Diversión	Hauskaa
Escritorio	Työpöytä
Examen	Tietokilpailu
Exámenes	Kokeet
Lápiz	Lyijykynä
Libros	Kirjat
Matemática	Matematiikka
Números	Numero
Papel	Paperi
Plumas	Kynät
Profesor	Opettaja
Respuestas	Vastauksia
Silla	Tuoli

Escuela #2
Koulu nro 2

Académico	Akateeminen
Autobús	Bussi
Biblioteca	Kirjasto
Calendario	Kalenteri
Ciencia	Tiede
Diccionario	Sanakirja
Educación	Koulutus
Gramática	Kielioppi
Juegos	Pelit
Lápiz	Lyijykynä
Lectura	Lukeminen
Libros	Kirjat
Literatura	Kirjallisuus
Mochila	Reppu
Ordenador	Tietokone
Papel	Paperi
Profesor	Opettaja
Ropa	Vaatteet
Suministros	Tarvikkeet
Tijeras	Sakset

Especias
Mausteita

Agrio	Hapan
Ajo	Valkosipuli
Amargo	Katkera
Anís	Anis
Azafrán	Maustesahrami
Canela	Kaneli
Cardamomo	Kardemumma
Cebolla	Sipuli
Clavo	Kynsi
Comino	Kumina
Curry	Curry
Dulce	Makea
Hinojo	Fenkoli
Jengibre	Inkivääri
Pimentón	Paprika
Pimienta	Pippuri
Regaliz	Lakritsi
Sabor	Maku
Sal	Suola
Vainilla	Vanilja

Exploración
Tutkimus

Actividad	Toiminta
Agotamiento	Uupumus
Animales	Eläimet
Aprender	Oppia
Coraje	Rohkeutta
Desconocido	Tuntematon
Descubrimiento	Löytö
Determinación	Päättäväisyys
Distante	Kaukainen
Emoción	Jännitys
Espacio	Tila
Idioma	Kieli
Nuevo	Uusi
Peligroso	Vaarallinen
Salvaje	Villi
Terreno	Maa
Viaje	Matkustaa

Familia
Perhe

Abuela	Isoäiti
Abuelo	Isoisä
Antepasado	Stamfar
Esposa	Vaimo
Hermana	Sisko
Hermano	Veli
Hija	Tytär
Infancia	Lapsuus
Madre	Äiti
Marido	Mies
Materno	Äidin
Nieto	Pojanpoika
Niño	Lapsi
Niños	Lapset
Padre	Isä
Primo	Serkku
Sobrina	Veljentytär
Sobrino	Veljenpoika
Tía	Täti
Tío	Setä

Flores
Kukkia

Amapola	Unikko
Diente de León	Voikukka
Gardenia	Gardenia
Girasol	Auringonkukka
Hibisco	Hibiscus
Jazmín	Jasmiini
Lavanda	Laventeli
Lila	Liila
Lirio	Lilja
Magnolia	Magnolia
Margarita	Päivänkakkara
Orquídea	Orkidea
Peonía	Pioni
Pétalo	Terälehti
Plumeria	Plumeria
Ramo	Kimppu
Rosa	Ruusu
Trébol	Apila
Tulipán	Tulppaani

Formas
Muodot

Arco	Kaari
Bordes	Reunat
Cilindro	Sylinteri
Círculo	Ympyrä
Cono	Kartio
Cuadrado	Neliö
Cubo	Kuutio
Curva	Käyrä
Elipse	Ellipsi
Esquina	Kulma
Hipérbola	Hyperbeli
Lado	Side
Línea	Linja
Oval	Soikea
Pirámide	Pyramidi
Polígono	Monikulmio
Prisma	Prisma
Rectángulo	Suorakulmio
Triángulo	Kolmio

Fruta
Hedelmä

Aguacate	Avokado
Albaricoque	Aprikoosi
Baya	Marja
Cereza	Kirsikka
Ciruela	Luumu
Coco	Kokosnøtt
Frambuesa	Vadelma
Guayaba	Guava
Kiwi	Kiivi
Limón	Sitruuna
Mango	Mango
Manzana	Omena
Melocotón	Persikka
Melón	Meloni
Naranja	Oranssi
Nectarina	Nektariini
Pera	Päärynä
Piña	Ananas
Plátano	Banaani
Uva	Rypäle

Gatos
Kissat

Cazador	Metsästäjä
Cola	Pyrstö
Curioso	Utelias
Dormir	Nukkua
Garra	Kynsiä
Gracioso	Hauska
Hilo	Lanka
Independiente	Riippumaton
Juguetón	Leikkisä
Loco	Hullu
Pata	Tassu
Piel	Turkki
Poco	Vähän
Ratón	Hiiri
Rápido	Nopeasti
Salvaje	Villi
Tímido	Ujo

Geografía
Maantiede

Altitud	Korkeus
Atlas	Atlas
Ciudad	Kaupunki
Continente	Maanosa
Ecuador	Päiväntasaaja
Hemisferio	Halvkule
Isla	Saari
Latitud	Leveysaste
Longitud	Pituusaste
Mapa	Kartta
Mar	Meri
Meridiano	Meridiaani
Montaña	Vuori
Mundo	Maailma
Norte	Pohjoinen
Oeste	Länsi
País	Maassa
Río	Joki
Sur	Etelä
Territorio	Alue

Geología
Geologia

Ácido	Happo
Calcio	Kalsium
Capa	Kerros
Caverna	Luola
Continente	Maanosa
Coral	Koralli
Cristales	Crystal
Cuarzo	Kvartsi
Erosión	Eroosio
Estalactita	Stalactite
Estalagmitas	Stalagmiitit
Fósil	Fossiili
Géiser	Geysir
Lava	Lava
Meseta	Tasanko
Minerales	Mineraali
Piedra	Kivi
Sal	Suola
Terremoto	Maanjäristys
Volcán	Volcano

Granja #1
Maatila nro 1

Abeja	Mehiläinen
Agricultura	Maatalous
Agua	Vesi
Arroz	Riisi
Burro	Aasi
Caballo	Hevonen
Cabra	Vuohi
Campo	Kenttä
Cuervo	Varis
Fertilizante	Lannoite
Gato	Kissa
Heno	Heinä
Miel	Hunaja
Perro	Koira
Pollo	Kana
Semillas	Siemenet
Ternero	Vasikka
Tierra	Maa
Vaca	Lehmä
Valla	Aita

Granja #2
Maatila # 2

Agricultor	Viljelijä
Animales	Eläimet
Cebada	Ohra
Colmena	Mehiläispesä
Comida	Ruoka
Cordero	Karitsa
Fruta	Hedelmä
Granero	Lato
Huerto	Hedelmätarha
Leche	Maito
Llama	Laama
Maíz	Maissi
Oveja	Lammas
Pastor	Paimen
Pato	Ankka
Prado	Niitty
Riego	Kastelu
Tractor	Traktori
Trigo	Vehnä
Vegetal	Vihannes

Herboristería
Herbalismi

Ajo	Valkosipuli
Albahaca	Basilika
Aromático	Aromaattinen
Azafrán	Maustesahrami
Calidad	Laatu
Culinario	Kulinaarinen
Eneldo	Tilli
Estragón	Rakuuna
Flor	Kukka
Hinojo	Fenkoli
Ingrediente	Ainesosa
Jardín	Puutarha
Lavanda	Laventeli
Mejorana	Meirami
Menta	Minttu
Perejil	Persilja
Planta	Kasvi
Romero	Rosmariini
Sabor	Maku
Verde	Vihreä

Insectos
Hyönteiset

Abeja	Mehiläinen
Avispa	Ampiainen
Avispón	Hornet
Áfido	Kirva
Cigarra	Cicada
Cucaracha	Torakka
Gusano	Mato
Hormiga	Muurahainen
Langosta	Gresshoppe
Larva	Toukka
Libélula	Sudenkorento
Mantis	Sirkka
Mariposa	Perhonen
Mariquita	Leppäkerttu
Mosquito	Hyttynen
Polilla	Koi
Pulga	Kirppu
Saltamontes	Heinäsirkka
Termita	Termiitti

Instrumentos Musicales
Soittimet

Armónica	Huuliharppu
Arpa	Harppu
Banjo	Banjo
Clarinete	Klarinetti
Fagot	Fagotti
Flauta	Huilu
Gong	Gong
Guitarra	Kitara
Mandolina	Mandoliini
Marimba	Marimba
Oboe	Oboe
Pandereta	Tamburiini
Piano	Piano
Saxofón	Saksofoni
Tambor	Rumpu
Trombón	Pasuuna
Trompeta	Trumpetti
Violín	Viulu
Violonchelo	Sello

Jardín
Puutarha

Arbusto	Puska
Árbol	Puu
Banco	Penkki
Césped	Nurmikko
Estanque	Lampi
Flor	Kukka
Garaje	Autotalli
Hamaca	Riippumatto
Hierba	Ruoho
Huerto	Hedelmätarha
Jardín	Puutarha
Malezas	Ugress
Manguera	Letku
Pala	Lapio
Porche	Kuisti
Rastrillo	Rake
Suelo	Maaperä
Terraza	Terassi
Trampolín	Trampoliini
Valla	Aita

Juguetes
Lelut

Ajedrez	Shakki
Arcilla	Savi
Artesanía	Veneet
Avión	Lentokone
Barco	Vene
Bicicleta	Polkupyörä
Bola	Pallo
Camión	Kuka
Coche	Auto
Cometa	Leija
Favorito	Suosikki
Imaginación	Mielikuvitus
Juegos	Pelit
Libros	Kirjat
Muñeca	Nukke
Pinturas	Maalit
Robot	Robotti
Rompecabezas	Palapeli
Tambores	Rummut
Tren	Kouluttaa

Libros
Kirjat

Autor	Tekijä
Aventura	Seikkailu
Colección	Kokoelma
Contexto	Konteksti
Dualidad	Kaksinaisuus
Escrito	Skriftlig
Historia	Tarina
Humorístico	Humoristinen
Inmersión	Upotus
Inventivo	Kekseliäs
Lector	Lukija
Narrador	Kertoja
Novela	Romaani
Palabras	Sanat
Página	Sivu
Pertinente	Relevaantia
Poema	Runo
Poesía	Runous
Serie	Sarja
Trágico	Traaginen

Literatura
Kirjallisuus

Analogía	Analogia
Análisis	Analyysi
Anécdota	Anekdootti
Autor	Tekijä
Biografía	Elämäkerta
Comparación	Vertailu
Conclusión	Päätelmä
Descripción	Kuvaus
Diálogo	Dialog
Estilo	Tyyli
Ficción	Fiktiota
Metáfora	Metafora
Narrador	Kertoja
Novela	Romaani
Poema	Runo
Poético	Runollinen
Rima	Loppusointu
Ritmo	Rytmi
Tema	Teema
Tragedia	Tragedia

Mamíferos
Merinisäkkäiden

Ballena	Valas
Burro	Aasi
Caballo	Hevonen
Camello	Kameli
Canguro	Kenguru
Cebra	Seepra
Conejo	Kani
Coyote	Kojootti
Delfín	Delfiini
Elefante	Norsu
Gato	Kissa
Gorila	Gorilla
Jirafa	Kirahvi
Lobo	Susi
Mono	Apina
Oso	Karhu
Oveja	Lammas
Perro	Koira
Toro	Härkä
Zorro	Kettu

Mascotas
Lemmikki

Agua	Vesi
Cabra	Vuohi
Cachorro	Pentu
Cola	Pyrstö
Collar	Kaulus
Comida	Ruoka
Conejo	Kani
Correa	Hihna
Garras	Kynnet
Gato	Kissa
Hámster	Hamsteri
Lagarto	Lisko
Loro	Papukaija
Patas	Tassut
Perro	Koira
Pescado	Kala
Ratón	Hiiri
Tortuga	Kilpikonna
Vaca	Lehmä
Veterinario	Eläinlääkäri

Matemáticas
Matematiikka

Aritmética	Aritmeettinen
Ángulos	Kulmat
Circunferencia	Ympärysmitta
Cuadrado	Neliö
Decimal	Desimaali
Diámetro	Halkaisija
Ecuación	Yhtälö
Exponente	Eksponentti
Fracción	Jae
Geometría	Geometria
Números	Numero
Paralelo	Rinnakkainen
Paralelogramo	Suunnikas
Perímetro	Kehä
Polígono	Monikulmio
Radio	Säde
Rectángulo	Suorakulmio
Simetría	Symmetria
Triángulo	Kolmio
Volumen	Tilavuus

Mediciones
Mittaus

Altura	Korkeus
Ancho	Leveys
Byte	Tavu
Centímetro	Senttimetri
Decimal	Desimaali
Grado	Aste
Gramo	Gramma
Kilogramo	Kilogramma
Kilómetro	Kilometri
Litro	Litra
Longitud	Pituus
Masa	Massa
Metro	Mittari
Minuto	Minuutti
Onza	Unssi
Peso	Paino
Profundidad	Syvyys
Pulgada	Tuuma
Tonelada	Tonni
Volumen	Tilavuus

Meditación
Meditaatio

Aceptación	Hyväksyminen
Atención	Huomio
Bondad	Ystävällisyys
Calma	Rauhallinen
Claridad	Selkeys
Compasión	Myötätunto
Emociones	Tunne
Gratitud	Kiitollisuus
Mental	Henkistä
Mente	Mieli
Movimiento	Liike
Música	Musiikki
Naturaleza	Luonto
Observación	Havainto
Paz	Rauha
Pensamientos	Ajatuksia
Perspectiva	Näkökulma
Postura	Ryhti
Respiración	Hengitys
Silencio	Hiljaisuus

Mitología
Mytologia

Arquetipo	Arketype
Celos	Kateus
Cielo	Taivas
Creación	Luominen
Creencias	Uskomukset
Criatura	Olento
Cultura	Kulttuuri
Deidades	Jumalat
Desastre	Katastrofi
Fuerza	Vahvuus
Guerrero	Soturi
Heroína	Sankaritar
Héroe	Sankari
Laberinto	Labyrintti
Leyenda	Legenda
Monstruo	Hirviö
Mortal	Kuolevainen
Rayo	Salama
Trueno	Ukkonen
Venganza	Kosto

Mueble
Huonekalut

Alfombra	Matto
Almohada	Tyyny
Armario	Armoire
Banco	Penkki
Cama	Sänky
Cojines	Tyynyt
Colchón	Patja
Cortinas	Verhot
Escritorio	Työpöytä
Espejo	Peili
Estantería	Kirjahylly
Estantes	Hyllyt
Futón	Futon
Hamaca	Riippumatto
Lámpara	Lamppu
Silla	Tuoli
Sillón	Nojatuoli
Sofá	Sohva

Naturaleza
Luonto

Abejas	Mehiläinen
Animales	Eläimet
Ártico	Arktinen
Belleza	Kauneus
Bosque	Metsä
Desierto	Aavikko
Dinámico	Dynaaminen
Erosión	Eroosio
Follaje	Lehtien
Glaciar	Jäätikkö
Montañas	Vuoret
Niebla	Sumu
Nubes	Pilvi
Refugio	Suoja
Río	Joki
Salvaje	Villi
Santuario	Pyhäkkö
Sereno	Rauhallinen
Tropical	Trooppinen
Vital	Tärkeä

Nutrición
Ravitsemus

Amargo	Katkera
Apetito	Ruokahalu
Calidad	Laatu
Calorías	Kalori
Carbohidratos	Karbohydrater
Cereales	Vilja
Comestible	Syötävä
Dieta	Ruokavalio
Digestión	Ruoansulatus
Equilibrado	Tasapainoinen
Fermentación	Käyminen
Nutriente	Næringsstoff
Peso	Paino
Proteínas	Proteiini
Sabor	Maku
Salsa	Kastike
Salud	Terveys
Saludable	Terve
Toxina	Myrkky
Vitamina	Vitamiini

Números
Numerot

Catorce	Neljätoista
Cero	Nolla
Cinco	Viisi
Cuatro	Neljä
Decimal	Desimaali
Dieciséis	Kuusitoista
Diez	Kymmenen
Doce	Kaksitoista
Dos	Kaksi
Matemática	Matematiikka
Nueve	Yhdeksän
Ocho	Kahdeksan
Quince	Viisitoista
Seis	Kuusi
Siete	Seitsemän
Trece	Kolmetoista
Tres	Kolme
Uno	Yksi
Veinte	Kaksikymmentä

Océano
Valtameri

Alga	Levät
Anguila	Ankerias
Arrecife	Riutta
Atún	Tunfisk
Ballena	Valas
Barco	Vene
Camarón	Katkaravut
Cangrejo	Rapu
Coral	Koralli
Delfín	Delfiini
Esponja	Sieni
Mareas	Tidevann
Medusa	Manet
Ostra	Osteri
Pescado	Kala
Pulpo	Mustekala
Sal	Suola
Tiburón	Hai
Tormenta	Myrsky
Tortuga	Kilpikonna

Paisajes
Maisemat

Cascada	Vesiputous
Cueva	Luola
Desierto	Aavikko
Estuario	Suisto
Géiser	Geysir
Glaciar	Jäätikkö
Iceberg	Jäävuori
Isla	Saari
Lago	Järvi
Laguna	Laguuni
Mar	Meri
Montaña	Vuori
Oasis	Keidas
Pantano	Suo
Península	Niemimaa
Playa	Ranta
Río	Joki
Tundra	Tundra
Valle	Laakso
Volcán	Volcano

Países #2
Maat #2

Albania	Albania
Australia	Australia
Austria	Itävalta
Dinamarca	Tanska
Etiopía	Etiopia
Francia	Ranska
Grecia	Kreikka
Indonesia	Indonesia
Irlanda	Irlanti
Jamaica	Jamaika
Japón	Japani
Laos	Laos
México	Meksiko
Pakistán	Pakistan
Portugal	Portugali
Rusia	Venäjä
Siria	Syyria
Sudán	Sudan
Ucrania	Ukraina
Uganda	Uganda

Pájaros
Linnut

Avestruz	Strutsi
Águila	Kotka
Canario	Kanarifugl
Cigüeña	Haikara
Cisne	Joutsen
Cuco	Käki
Cuervo	Varis
Flamenco	Flamingo
Ganso	Hanhi
Gaviota	Lokki
Gorrión	Varpunen
Halcón	Haukka
Huevo	Muna
Loro	Papukaija
Paloma	Kyyhkynen
Pato	Ankka
Pelícano	Pelikaani
Pingüino	Pingviini
Pollo	Kana
Tucán	Toukaanin

Perros
Koirat

Amistoso	Ystävällinen
Cachorro	Pentu
Compañero	Kumppani
Correa	Hihna
Diversión	Hauskaa
Formación	Koulutus
Grande	Iso
Hueso	Luu
Instintos	Vaisto
Leal	Uskollinen
Mascota	Lemmikki
Obediente	Tottelevainen
Peludo	Pörröinen
Pequeño	Pieni
Suave	Lempeä
Terco	Itsepäinen

Pesca
Kalastus

Agua	Vesi
Aletas	Evät
Barco	Vene
Branquias	Gjellene
Cebo	Syötti
Cesta	Kori
Cocinar	Kokki
Equipo	Laitteet
Exageración	Overdrivelse
Gancho	Koukku
Lago	Järvi
Mandíbula	Leuka
Océano	Valtameri
Paciencia	Tålmodighet
Peso	Paino
Playa	Ranta
Río	Joki
Temporada	Kausi

Piratas
Merirosvot

Ancla	Ankkuri
Aventura	Seikkailu
Bandera	Lippu
Brújula	Kompassi
Capitán	Kapteeni
Cicatriz	Arpi
Cueva	Luola
Espada	Miekka
Isla	Saari
Leyenda	Legenda
Loro	Papukaija
Malo	Huono
Mapa	Kartta
Monedas	Kolikot
Oro	Kulta
Peligro	Vaara
Playa	Ranta
Ron	Rommi
Tesoro	Aarre
Tripulación	Miehistö

Plantas
Kasveja

Arbusto	Puska
Árbol	Puu
Bambú	Bambu
Baya	Marja
Bosque	Metsä
Botánica	Kasvitiede
Cactus	Kaktus
Fertilizante	Lannoite
Flor	Kukka
Flora	Kasvisto
Follaje	Lehtien
Frijol	Papu
Hiedra	Muratti
Hierba	Ruoho
Hoja	Puun Lehti
Jardín	Puutarha
Musgo	Sammal
Pétalo	Terälehti
Raíz	Juuri
Vegetación	Kasvillisuus

Playa
Rannalle

Arena	Hiekka
Arrecife	Riutta
Azul	Sininen
Barco	Vene
Cangrejo	Rapu
Costa	Rannikko
Isla	Saari
Laguna	Laguuni
Mar	Meri
Océano	Valtameri
Paraguas	Sateenvarjo
Sandalias	Sandaalit
Sol	Aurinko
Toalla	Pyyhe
Vacaciones	Loma
Velero	Purjevene

Profesiones #1
Ammatit nro 1

Abogado	Asianajaja
Atleta	Urheilija
Bailarín	Tanssija
Banquero	Pankkiiri
Bombero	Palomies
Cartógrafo	Kartografi
Cazador	Metsästäjä
Científico	Tiedemies
Doctor	Lääkäri
Editor	Redaktør
Enfermera	Hoitaja
Entrenador	Valmentaja
Fontanero	Putkimies
Geólogo	Geologi
Joyero	Kultaseppä
Marinero	Merimies
Músico	Muusikko
Pianista	Pianisti
Psicólogo	Psykologi
Veterinario	Eläinlääkäri

Profesiones #2
Ammatit #2

Agricultor	Viljelijä
Astronauta	Astronautti
Biólogo	Biologi
Cirujano	Kirurgi
Dentista	Hammaslääkäri
Detective	Etsivä
Editor	Kustantaja
Filósofo	Filosofi
Fotógrafo	Valokuvaaja
Ilustrador	Kuvittaja
Ingeniero	Insinööri
Inventor	Keksijä
Investigador	Tutkija
Jardinero	Puutarhuri
Médico	Lääkäri
Periodista	Toimittaja
Piloto	Pilotti
Pintor	Taidemaalari
Profesor	Opettaja
Químico	Kemisti

Restaurante #1
Ravintola nro 1

Alergia	Allergia
Café	Kahvi
Camarera	Tarjoilija
Carne	Liha
Cocina	Keittiö
Comer	Syödä
Comida	Ruoka
Cuchillo	Veitsi
Ingredientes	Aine
Menú	Valikko
Pan	Leipä
Picante	Mausteinen
Plato	Levy
Pollo	Kana
Postre	Jälkiruoka
Reserva	Varaus
Salsa	Kastike
Servilleta	Lautasliina
Tazón	Kulho

Restaurante #2
Ravintola nro 2

Agua	Vesi
Almuerzo	Lounas
Aperitivo	Alkupala
Bebida	Juoma
Camarero	Tarjoilija
Cena	Illallinen
Cuchara	Lusikka
Delicioso	Herkullinen
Ensalada	Salaatti
Especias	Mausteet
Fruta	Hedelmä
Hielo	Jään
Huevos	Munat
Pastel	Kakku
Pescado	Kala
Sal	Suola
Silla	Tuoli
Sopa	Suppe
Tenedor	Haarukka
Verduras	Vihannes

Ropa
Vaatteensa

Blusa	Pusero
Bufanda	Huivi
Calcetines	Sukat
Camisa	Paita
Chaqueta	Takki
Cinturón	Vyö
Collar	Kaulakoru
Delantal	Esiliina
Falda	Hame
Guantes	Käsineet
Joyas	Korut
Moda	Muoti
Pantalones	Housut
Pijama	Pyjama
Pulsera	Armbånd
Sandalias	Sandaalit
Sombrero	Hattu
Suéter	Villapaita
Vestido	Mekko
Zapato	Kenkä

Selva Tropical
Sademetsää

Clima	Ilmasto
Comunidad	Yhteisö
Especie	Lajit
Insectos	Insekter
Mamíferos	Nisäkkäät
Musgo	Sammal
Naturaleza	Luonto
Nubes	Pilvi
Pájaros	Lintu
Preservación	Säilyttäminen
Refugio	Suunta
Respeto	Respekt
Restauración	Entisöinti
Selva	Viidakko
Supervivencia	Selviytyminen
Valioso	Arvokas

Senderismo
Patikointi

Acantilado	Kallio
Agua	Vesi
Animales	Eläimet
Botas	Saappaat
Camping	Camping
Cansado	Väsynyt
Clima	Ilmasto
Cumbre	Kokous
Mapa	Kartta
Montaña	Vuori
Naturaleza	Luonto
Orientación	Suunta
Parques	Puistot
Pesado	Raskas
Piedras	Kivi
Salvaje	Villi
Sol	Aurinko

Suministros de Arte
Taide-Tarvikkeet

Aceite	Öljy
Acrílico	Akryyli
Acuarelas	Akvarellit
Agua	Vesi
Arcilla	Savi
Borrador	Pyyhekumi
Caballete	Maalausteline
Cámara	Kamera
Cepillos	Harjat
Colores	Väri
Creatividad	Luovuus
Ideas	Ideoita
Lápices	Kynä
Mesa	Pöytä
Papel	Paperi
Pegamento	Liima
Pinturas	Maalit
Silla	Tuoli
Tinta	Muste

Surf
Surffausta

Arrecife	Riutta
Atleta	Urheilija
Campeón	Mestari
Clima	Sää
Diversión	Hauskaa
Espuma	Vaahto
Estilo	Tyyli
Estómago	Vatsa
Extremo	Äärimmäinen
Fuerza	Vahvuus
Multitudes	Joukkoja
Océano	Valtameri
Ola	Aalto
Playa	Ranta
Popular	Suosittu
Principiante	Aloittelija
Velocidad	Nopeus

Tecnología
Teknologia

Archivo	Tiedosto
Blog	Blogi
Bytes	Tavua
Cámara	Kamera
Cursor	Kursori
Datos	Tiedot
Digital	Digitaalinen
Estadísticas	Tilastot
Fuente	Fontti
Internet	Internet
Investigación	Tutkimus
Mensaje	Viesti
Navegador	Selain
Ordenador	Tietokone
Pantalla	Näyttö
Seguridad	Turvallisuus
Software	Ohjelmisto
Virtual	Virtuaalinen
Virus	Virus

Tiempo
Aika

Ahora	Nyt
Antes	Ennen
Año	Vuosi
Ayer	Eilen
Calendario	Kalenteri
Década	Vuosikymmen
Día	Päivä
Futuro	Tulevaisuus
Hora	Tunnin
Hoy	Tänään
Mañana	Aamu
Mediodía	Keskipäivä
Mes	Kuukausi
Minuto	Minuutti
Momento	Hetki
Noche	Yö
Reloj	Kello
Semana	Viikko
Siglo	Vuosisata
Temprano	Aikainen

Tipos de Cabello
Hiusten Tyypit

Blanco	Valkoinen
Brillante	Kiiltävä
Calvo	Kalju
Corto	Lyhyt
Delgada	Ohut
Gris	Harmaa
Grueso	Paksu
Largo	Pitkä
Marrón	Ruskea
Negro	Musta
Ondulado	Aaltoileva
Plata	Hopea
Rizado	Kihara
Rizos	Kiharat
Rubio	Vaalea
Saludable	Terve
Seco	Kuiva
Suave	Pehmeä
Trenzado	Punottu
Trenzas	Punos

Vacaciones #2
Loma #2

Aeropuerto	Lufthavn
Carpa	Teltta
Destino	Kohde
Extranjero	Ulkomaalainen
Fotos	Kuvat
Hotel	Hotelli
Isla	Saari
Mapa	Kartta
Mar	Meri
Ocio	Vapaa
Pasaporte	Passi
Playa	Ranta
Reservas	Varaukset
Restaurante	Ravintola
Taxi	Taksi
Transporte	Kuljetus
Tren	Kouluttaa
Vacaciones	Loma
Viaje	Matka
Visa	Viisumi

Vehículos
Ajoneuvot

Ambulancia	Ambulanssi
Autobús	Bussi
Avión	Lentokone
Balsa	Lautta
Barco	Vene
Bicicleta	Polkupyörä
Camión	Kuka
Coche	Auto
Cohete	Raketti
Furgoneta	Varebil
Helicóptero	Helikopteri
Lanzadera	Sukkula
Metro	Metro
Motor	Moottori
Neumáticos	Renkaat
Scooter	Scooter
Submarino	Sukellusvene
Taxi	Taksi
Tractor	Traktori
Tren	Kouluttaa

Verano
Kesä

Alegría	Ilo
Amigos	Ystävä
Buceo	Sukellus
Camping	Camping
Comida	Ruoka
Estrellas	Tähti
Familia	Perhe
Hogar	Koti
Jardín	Puutarha
Juegos	Pelit
Libros	Kirjat
Mar	Meri
Música	Musiikki
Ocio	Vapaa
Playa	Ranta
Relajación	Rentoutuminen
Sandalias	Sandaalit
Vacaciones	Loma
Viaje	Matkustaa

Verduras
Vihannekset

Ajo	Valkosipuli
Alcachofa	Artisokka
Apio	Selleri
Berenjena	Munakoiso
Brócoli	Parsakaali
Calabaza	Kurpitsa
Cebolla	Sipuli
Ensalada	Salaatti
Espinacas	Pinaatti
Guisante	Herne
Jengibre	Inkivääri
Nabo	Nauris
Oliva	Oliivi
Patata	Peruna
Pepino	Kurkku
Perejil	Persilja
Rábano	Retiisi
Seta	Sieni
Tomate	Tomaatti
Zanahoria	Porkkana

Virtudes #1
Hyveet osa 1

Apasionado	Intohimoinen
Artístico	Taiteellinen
Bien	Hyvä
Curioso	Utelias
Decisivo	Ratkaiseva
Eficiente	Tehokas
Encantador	Viehättävä
Fiable	Luotettava
Generoso	Antelias
Gracioso	Hauska
Independiente	Riippumaton
Inteligente	Älykäs
Limpio	Puhdas
Modesto	Vaatimaton
Paciente	Potilas
Práctico	Praktisk
Sabio	Viisas
Útil	Hyödyllinen

Enhorabuena

Lo has conseguido!

Esperamos que hayas disfrutado de este libro tanto como nosotros al diseñarlo. Nos esforzamos por crear libros de la máxima calidad posible.
Esta edición está diseñada para proporcionar un aprendizaje inteligente, de calidad y divertido!

¿Te ha gustado este libro?

Una Petición Sencilla

Estos libros existen gracias a las reseñas que se publican.
¿Podrías ayudarnos dejando una reseña ahora?
Aquí tienes un breve enlace a la página de reseñas

BestBooksActivity.com/Opiniones50

¡DESAFÍO FINAL!

Reto n°1

¿Estás listo para tu juego gratis? Los utilizamos siempre, pero no son tan fáciles de encontrar. ¡Aquí están los **Sinónimos!**

Escribe 5 palabras que hayas encontrado en los rompecabezas (#21, #36, #76) y trata de encontrar 2 sinónimos para cada palabra.

Escriba 5 palabras del **Puzzle 21**

Palabras	Sinónimo 1	Sinónimo 2

Escriba 5 palabras del **Puzzle 36**

Palabras	Sinónimo 1	Sinónimo 2

Escriba 5 palabras del **Puzzle 76**

Palabras	Sinónimo 1	Sinónimo 2

Reto n°2

Ahora que te has calentado, escribe 5 palabras que hayas encontrado en los Puzzles 9, 17 y 25 e intenta encontrar 2 antónimos para cada palabra. ¿Cuántos puedes encontrar en 20 minutos?

Escriba 5 palabras del **Puzzle 9**

Palabras	Antónimo 1	Antónimo 2

Escriba 5 palabras del **Puzzle 17**

Palabras	Antónimo 1	Antónimo 2

Escriba 5 palabras del **Puzzle 25**

Palabras	Antónimo 1	Antónimo 2

Reto n°3

¡Genial! Este desafío final no es nada para ti.

¿Preparado para el reto final? Elige 10 palabras que hayas descubierto en los diferentes rompecabezas y escríbelas a continuación.

1.	6.
2.	7.
3.	8.
4.	9.
5.	10.

Ahora escribe un texto pensando en una persona, un animal o un lugar que te guste.

Puedes usar la última página de este libro como borrador.

Tu Composición:

CUADERNO DE NOTAS :

HASTA PRONTO !

Todo el Equipo

DESCUBRA JUEGOS GRATIS

GO

BESTACTIVITYBOOKS.COM/FREEGAMES